Lutz Müller

Des Kaisers neue Kleider

Sich mit dem eigenen Schatten anfreunden
und zum wahren Selbst finden

Bibliografische Information der Deutschen Nationalbibliothek
Die Deutsche Nationalbibliothek verzeichnet diese Publikation in der Deutschen Nationalbibliografie; detaillierte bibliografische Daten sind im Internet über http://dnb.d-nb.de abrufbar.

Version 3.01; Neu gestaltete und überarbeitete 3. Auflage
des Buches von 1995 bei Stuttgart: Kreuz
Umschlaggestaltung, Grafik und Layout: Dr. Lutz Müller
Herstellung: Book on Demand GmbH., Norderstedt

ISBN: 978-3-939322-60-3

Lutz Müller

Des Kaisers neue Kleider

Sich mit dem eigenen Schatten anfreunden und zum wahren Selbst finden

opus magnum

Über den Verfasser:
Dr. phil. Lutz Müller
Jahrgang 1949, Dipl.-Psychologe und Psychotherapeut.
Themenschwerpunkte: Analytisch-integrative Psychologie,
Lebenskunst, Symbolik, Spiritualität

Inhalt

Endlich: Der Durchbruch zum wahren Selbst.
Bearbeitete Illustration nach Arthur Rackham (1867-1939)

Des Kaisers neue Kleider

Der Text des Märchens von Christian Andersen

Vor vielen Jahren lebte ein Kaiser, der so ungeheuer viel auf hübsche Kleider hielt, dass er all sein Geld dafür ausgab, um recht geputzt zu sein. Er kümmerte sich nicht um seine Soldaten, kümmerte sich nicht um das Theater und liebte es nicht, in den Wald zu fahren, außer um seine neuen Kleider zu zeigen. Er hatte einen Rock für jede Stunde des Tages, und wie man sonst von einem König sagt, er ist im Rate, sagte man hier immer: »Der Kaiser ist in der Kleiderkammer.«

In der großen Stadt, in der er wohnte, ging es sehr munter zu. Jeden Tag kamen viele Fremde, eines Tages kamen auch zwei Betrüger. Sie gaben sich für Weber aus und sagten, dass sie das schönste Zeug, das man sich denken könne, zu weben verstünden. Nicht allein Farben und Muster wären ungewöhnlich schön, sondern die Kleider, die von dem Zeuge genäht würden, besäßen auch die wunderbare Eigenschaft, dass sie für jeden Menschen unsichtbar wären, der nicht für sein Amt tauge oder unverzeihlich dumm sei.

»Das wären ja prächtige Kleider«, dachte der Kaiser. »Wenn ich die anhätte, könnte ich ja dahinter kommen, welche Männer in meinem Reiche zu dem Amte, das sie haben, nicht taugen; ich könnte die Klugen von den Dummen unterscheiden!« Und er gab den beiden Betrügern viel Handgeld, damit sie ihre Arbeit beginnen möchten.

Sie stellten auch zwei Webstühle auf und taten, als ob sie arbeiteten; aber sie hatten nicht das geringste auf dem Stuhle. Frischweg verlangten sie die feinste Seide und das prächtigste Gold, das steckten sie in ihre eigene Tasche und arbeiteten an den leeren Stühlen bis spät in die Nacht hinein.

»Nun möchte ich doch wohl wissen, wie weit sie mit dem Zeuge sind!« dachte der Kaiser. Aber es war ihm ordentlich beklommen zumute bei dem Gedanken, dass derjenige, der dumm war oder schlecht zu seinem Amte passte, es nicht sehen könne. Nun glaubte er zwar, dass er für sich selbst nichts zu fürchten brauche, aber er wollte doch erst einen anderen schicken, um zu sehen, wie es damit stände. Alle Menschen in der ganzen Stadt wussten, welche wunderbare Kraft das Zeug habe, und alle waren begierig zu sehen, wie schlecht oder dumm ihr Nachbar sei.

»Ich will meinen alten ehrlichen Minister zu den Webern senden!« dachte der Kaiser. »Er kann am besten sehen, wie das Zeug sich ausnimmt, denn er hat Verstand, und keiner versieht sein Amt besser als er!«

Nun ging der gute alte Minister in den Saal hinein, wo die zwei Betrüger saßen und an den leeren Webstühlen arbeiteten. »Gott behüte uns!« dachte der alte Minister und riss die Augen auf: »ich kann ja nichts erblicken!« Aber das sagte er nicht.

Beide Betrüger baten ihn, gefälligst näher zu treten, und fragten, ob es nicht ein hübsches Muster und schöne Farben seien. Dabei zeigten sie auf den leeren Webstuhl, und der arme alte Minister fuhr fort, die Augen aufzureißen; aber er konnte nichts sehen, denn es war nichts da. »Herrgott!« dachte er, »sollte ich dumm sein? Das habe ich nie geglaubt, und das darf kein Mensch wissen!

Sollte ich nicht zu meinem Amte taugen? Nein, es geht nicht an, dass ich erzähle, ich könnte das Zeug nicht sehen!«

»Nun, Sie sagen nichts dazu?« fragte der eine, der da webte. »Oh, es ist hübsch! Ganz allerliebst!« antwortete der alte Minister und sah durch seine Brille. »Dieses alte Muster und diese Farben! Ja, ich werde dem Kaiser sagen, dass es mir sehr gefällt.« »Nun, das freut uns!« sagten beide Weber, und darauf nannten sie die Farben mit Namen und erklärten das seltsame Muster. Der alte Minister passte gut auf, damit er dasselbe sagen könnte, wenn er zum Kaiser zurückkäme, und das tat er.

Nun verlangten die beiden Betrüger mehr Geld, mehr Seide und mehr Gold, das sie zum Weben brauchen wollten. Sie steckten alles in ihre eigenen Taschen, auf den Webstuhl kam kein Faden, aber sie fuhren fort, wie bisher an dem leeren Webstuhl zu arbeiten.

Der Kaiser sandte bald wieder einen anderen ehrlichen Staatsmann hin, um zu sehen, wie es mit dem Weben stände und ob das Zeug bald fertig sei. Es ging ihm ebenso wie dem Minister; er schaute und schaute, weil aber außer dem leeren Webstuhle nichts da war, konnte er nichts erblicken.

»Ist das nicht ein hübsches Stück Zeug?« fragten die beiden Betrüger und zeigten und erklärten das prächtige Muster, das gar nicht da war. »Dumm bin ich nicht!« dachte der Mann. »Ist es also mein gutes Amt, zu dem ich nicht tauge? Das wäre lächerlich, aber man darf es sich nicht merken lassen!« und so lobte er das Zeug, das er nicht sah, und versicherte ihnen seine Freude über die schönen Farben und das herrliche Muster. »Ja, es ist ganz allerliebst!« sagte er zum Kaiser. »Alle Menschen in der Stadt sprachen von dem prächtigen Zeuge.«

Nun wollte der Kaiser es selbst sehen, während es noch auf dem Webstuhle war. Mit einer ganzen Schar auserwählter Männer, unter ihnen auch die beiden ehrlichen Staatsmänner, die schon früher dort gewesen waren, ging er zu den beiden listigen Betrügern hin, die nun aus Leibeskräften webten, aber ohne Faser oder Faden.

»Ist das nicht prächtig?« sagten die beiden alten Staatsmänner, die schon einmal da gewesen waren. »Sehen Eure Majestät, welches Muster, welche Farben!« Und dann zeigten sie auf den leeren Webstuhl, denn sie glaubten, dass die andern das Zeug gewiss sehen könnten.

»Was!« dachte der Kaiser, »ich sehe gar nichts! Das ist ja schrecklich! Bin ich dumm? Tauge ich nicht dazu, Kaiser zu sein? Das wäre das Schrecklichste, was mir begegnen könnte!« – »Oh, es ist sehr hübsch!« sagte er. »Es hat meinen allerhöchsten Beifall!« Und er nickte zufrieden und betrachtete den leeren Webstuhl, denn er wollte nicht sagen, dass er nichts sehen könne.

Das ganze Gefolge, das er bei sich hatte, schaute und schaute und bekam nicht mehr heraus als alle andern; aber sie sagten wie der Kaiser: »Oh, das ist sehr hübsch!« Und sie rieten ihm, diese neuen prächtigen Kleider das erste Mal bei der großen Prozession, die bevorstand, zu tragen. »Herrlich, wundervoll, exzellent!« ging es von Mund zu Mund; man war allerseits innig erfreut darüber, und der Kaiser verlieh den Betrügern den Ritterorden, im Knopfloch zu tragen, und den Titel: Kaiserliche Hofweber.

Die ganze Nacht vor dem Morgen, an dem die Prozession stattfinden sollte, saßen die Betrüger auf und hatten über sechzehn Lichter angezündet. Die Leute konnten sehen, dass sie stark beschäftigt waren, des Kaisers neue Kleider fertig zu machen. Sie taten, als ob sie das Zeug aus dem Webstuhl nähmen, sie schnitten mit großen Scheren in die Luft, sie nähten mit Nähnadeln ohne Faden und sagten zuletzt: »Nun sind die Kleider fertig!«

Der Kaiser kam mit seinen vornehmsten Kavalieren selbst dahin, und beide Betrüger hoben einen Arm in die Höhe, gerade als ob sie etwas hielten, und sagten: »Seht, hier sind die Beinkleider. Hier ist der Rock! Hier der Mantel!« und so weiter. »Es ist so leicht wie Spinnwebe, man sollte glauben, man habe nichts auf dem Leibe; aber das ist gerade der Vorzug dabei!« »Ja!« sagten alle Kavaliere; aber sie konnten nichts sehen, denn es war nichts da. »Belieben Eure Kaiserliche Majestät jetzt ihre Kleider allergnädigst auszuziehen«, sagten die Betrüger, »so wollen wir Ihnen die neuen anziehen, hier vor dem großen Spiegel.«

Der Kaiser legte alle seine Kleider ab, und die Betrüger taten so, als ob sie ihm jedes Stück der neuen Kleider anzögen. Sie fassten ihm um den Leib und taten, als bänden sie etwas fest, das war die Schleppe; der Kaiser drehte und wendete sich vor dem Spiegel. »Ei, wie gut das kleidet! Wie herrlich das sitzt!« sagten alle. »Welches Muster, welche Farben! Das ist eine kostbare Tracht!« –

»Draußen stehen sie mit dem Thronhimmel, der über Eurer Majestät in der Prozession getragen werden soll«, meldete der Oberzeremonienmeister. »Ja, ich bin fertig!« sagte der Kaiser. »Sitzt es nicht gut?« Und dann wandte er sich nochmals vor dem Spiegel, denn es sollte scheinen, als ob er seinen Schmuck recht betrachte.

Die Kammerherren, die die Schleppe tragen sollten, griffen mit den Händen nach dem Fußboden, gerade als ob sie die Schleppe aufhöben; Sie wagten es nicht, es sich merken zu lassen, dass sie nichts sehen konnten.

So ging der Kaiser in der Prozession unter dem prächtigen Thronhimmel, und alle Menschen auf der Straße und in den Fenstern riefen: »Gott, wie sind des Kaisers neue Kleider unvergleichlich; welche herrliche Schleppe hat er am Rocke, wie schön das sitzt!« Keiner wollte es sich merken lassen, dass er nichts sah, denn dann hätte er ja nicht zu seinem Amte getaugt oder wäre sehr dumm gewesen. Keine Kleider des Kaisers hatten solches Glück gemacht wie diese.

»Aber er hat ja gar nichts an!« sagte endlich ein kleines Kind. »Herrgott, hört die Stimme der Unschuld!« sagte der Vater, und der eine flüsterte dem anderen zu, was das Kind gesagt hatte. »Er hat nichts an, dort ist ein kleines Kind, das sagt, er hat nichts an!« »Aber er hat ja nichts an!« rief zuletzt das ganze Volk. Das ergriff den Kaiser, denn es schien ihm, sie hätten recht, aber er dachte bei sich: »Nun muss ich die Prozession aushalten«.

Und so hielt er sich noch stolzer, und die Kammerherren gingen und trugen die Schleppe, die gar nicht da war.

Unser aller Geheimnis

»Mundus vult decipi, ergo decipiatur« – »Die Welt will betrogen sein, darum werde sie betrogen« oder »Hochmut kommt vor dem Fall«, so könnte auf den ersten Blick die Botschaft des Märchens von des Kaisers neuen Kleidern lauten. Aber das Märchen enthüllt, wie es ja bei allen Märchen, Mythen und symbolischen Weisheitsgeschichten der Fall ist, einen immer tieferen Sinn, je mehr man sich auf es einlässt. Der Unterton der Geschichte ist nicht streng moralisch, besserwisserisch-belehrend oder voller Schadenfreude, sondern selbstironisch, ja sogar ein wenig liebevoll. Das Märchen erinnert an die warmherzigen, so menschlichen Anekdoten des jüdischen Chassidismus, an die Narrengeschichten des türkischen Mullah Nasrudin und an die in ihrer Direktheit manchmal fast schockierenden Geschichten des Zen-Buddhismus.

Hans Christian Andersen verdankte die Idee zu »Des Kaisers neue Kleider« einer Sammlung von didaktischen Geschichten und Anekdoten, die der spanische Autor Don Juan Manuel (1282 bis ca. 1349) zusammengestellt hatte und die sich wiederum an orientalische Vorbilder anlehnen. Er entnahm ihr die Grundzüge der Handlung, verlieh ihr etwas mehr Allgemeingültigkeit und fügte den Schluss mit dem Kind, das als einziges wagt, die Wahrheit zu sagen, hinzu.[1]

Das Märchen behandelt eines der ganz zentralen Probleme unserer persönlichen Existenz. Es handelt von etwas, das uns alle – ob wir es uns nun eingestehen können oder nicht – tagein tagaus, zu jeder Stunde, intensiv beschäftigt. Es handelt von unseren quälendsten Ängsten: von unserer Angst vor Ablehnung, Verachtung und Demütigung, vor Beschämung, dem Nicht-Dazugehören, davor, dumm und inkompetent zu sein und als Versager zu erscheinen. Es handelt damit zugleich von unseren verborgenen Sehnsüchten: von unserer Sehnsucht nach Anerkennung, Bestätigung, Zugehörigkeit und Liebe. Und es berührt eines der letzten großen Tabus unserer Gesellschaft.

Es scheint zwar, dass es in unserer modernen, aufgeklärten Zeit, in der wir über alles in den Medien informiert werden, gar keine Tabus mehr gibt. Es scheint, als sei das allerintimste und allerpersönlichste, was wir Menschen fühlen und erleben können, allseits bekannt und werde in der breitesten Öffentlichkeit immer wieder dargestellt und diskutiert. Aber es gibt doch noch einige heimliche Wahrheiten, von denen wir alle zwar etwas wissen oder zumindest ahnen, zu denen wir uns aber öffentlich nicht zu bekennen wagen.

Einen Großteil unserer Lebensenergie verwenden wir darauf, um in unzähligen, oft verzweifelten Versuchen der Verstellung, der Tarnung und der Täuschung den Eindruck von Selbstsicherheit, Souveränität und Besonderheit zu erwecken. Insgeheim empfinden wir uns viel verletzlicher, viel unsicherer und viel liebesbedürfiger, als wir nach außen hin zeigen. Das Tragische und Paradoxe an dieser Situation ist, dass die meisten von uns mit dieser Verletzlichkeit und Unsicherheit zu kämpfen haben, aber glauben, so tun zu müssen, als ob gerade wir stark und selbstsicher seien, als ob gerade wir keine Selbstwertprobleme hätten. Wir verbergen unsere Unsicherheit hinter der Maske des Alles-Wissens und -Könnens, hinter der Maske der Perfektion, des Vernünftig- und Erwachsenseins.

Andererseits leiden wir alle in meist ungeahntem Ausmaß an unseren Vor-Täuschungen und Verstellungen. Das zeigt sich in vielen Selbsterfahrungsgruppen, Therapien und Persönlichkeitstrainings. Dort geht es im Grunde immer um das eine. Nicht Sexualität, nicht Liebe, nicht Gesundheit, nicht Geld sind die Hauptthemen, wie man meinen könnte. Die Schwierigkeiten und Sorgen, die wir mit diesen Bereichen haben, erscheinen meist als die Folge eines noch grundlegenderen Selbstwertkonfliktes, welcher heißt:

»Ich fühle mich unsicher, ich weiß nicht, ob ich liebenswert, intelligent und attraktiv genug bin, damit mich andere Menschen wirklich mögen und akzeptieren können. Aber ich sollte mich eigentlich nicht unsicher und minderwertig fühlen, ich sollte mich nicht so sehr nach Liebe, Anerkennung und Bestätigung sehnen, sondern ich sollte eine autonome, starke Persönlichkeit sein, die weiß, was sie will und der es wenig ausmacht, was andere von ihr denken.«

Damit stehen wir vor einem unlösbaren inneren Problem. Wir setzen uns unter den dauernden Druck, anders sein zu sollen, als wir unserem inneren Wesen nach sind, etwas verändern zu wollen, was sich nicht verändern lässt. Die einfache Tatsache ist nämlich, dass wir unsicher und abhängig sind und dass wir fast nichts wirklich im Griff haben.

Wir sind keine isolierten, unabhängigen Wesen, sondern wir sind in allen Bereichen unserer Existenz abhängig: Wir sind abhängig von dem einigermaßen ausgewogenen Funktionieren unseres körperlich-seelischen Organismus, von der selbstorganisierenden Weisheit unseres inneren Selbst mit seinen millionenfachen, unbewusst ablaufenden Prozessen, wir sind abhängig von Natur und Umwelt, wir sind abhängig von unseren Mitmenschen. Wir, unsere Umwelt, unsere Mitmenschen und Mitlebewesen, unsere Erde und unser Universum sind ein gemeinsamer, eng miteinander verwobener Prozess. Absolute Sicherheit, Kontrolle, Souveränität und Unabhängigkeit kann es für den individuellen Menschen gar nicht geben.

Wozu also unser verkrampftes Festhalten an irreführenden Ideal-Bildern, unser unablässiges Zurschaustellen von Großartigkeit, Stärke, Besonderheit, Perfektion, Vollkommenheit und Unabhängigkeit? Was für eine unsinnige Anstrengung! Was für ein unsinniges Theaterspielen! Was für ein unnötiges Leid! Und wie einfach und kreativ könnte unser Leben sein, wenn wir all die Energie, die wir mit unseren unzähligen Selbsttäuschungsmanövern verschwenden, zur freien Verfügung hätten! Wir bräuchten nur den Mut aufzubringen, unserer Wahrnehmung zu trauen, das zu sehen und zu dem zu stehen, was wir alle eigentlich von uns selbst längst wissen und was wir überall bei unseren Mitmenschen entdecken können: Jenseits von dem, war wir nach außen hin darzustellen versuchen, unseren Masken und Fassaden, jenseits von unserem Ruhm und Reichtum, unserem Besitz, unseren Status-Symbolen sind wir alle ganz normale, gewöhnliche Menschen mit ganz ähnlichen Bedürfnissen, ganz ähnlichen Ängsten und Unsicherheiten. Die einfache Weisheit und Lehre, die wir aus der Geschichte von des Kaisers neuen Kleidern ziehen können, lässt sich in wenigen Worten zusammenfassen:

Wir können nur gut aus dem heraus leben, was wir wirklich sind!

Dieses »was wir wirklich sind« ist unser wahres Selbst. Es umfasst den ganzen Menschen, der wir sind, unsere persönlichen, ganz individuellen Eigenschaften, die Summe unserer bisherigen Lebenserfahrungen, unsere schöpferischen Potenziale wie auch unsere biologische, allgemeinmenschliche Natur und unser spirituelles, universales Wesen. Dieses Selbst sind wir schon immer, es ist unsere ursprüngliche Daseinsform. Um es in unserem Leben zu verwirklichen, müssen wir vor allem lernen, die Maskerade unserer vermeintlichen Besonderheit und Wichtigkeit, die wir glauben, nach Außen zu Schau stellen zu müssen, loszulassen. Wir müssen in gewisser Hinsicht nackt werden, wie es der Kaiser schließlich am Ende der Geschichte ist. Wir müssen zur ursprünglichen Einfachheit und Offenheit des Kindes finden, das sich erlauben kann, diese Nacktheit zu sehen, und wir müssen uns gestatten, ganz gewöhnliche Menschen zu sein. Dann erst, eben gerade in diesem einfachen, gewöhnlichen Nichts-Besonderes-Sein, kann sich uns der alles überstrahlende Glanz unseres wahren Selbst offenbaren, das zugleich ein unfassbares Wunder ist, an dem wir bedingungslos teilhaben dürfen.

Dies tiefer zu erfassen möchte das vorliegende Büchlein herzlich einladen. Es möchte zeigen, welch unerwartete Fülle, welch erstaunliches Glück, welch tiefe Freude darin enthalten sein kann, ganz einfach Mensch zu sein und was für ein Wunder das ist. Es möchte vermitteln, dass wir gerade das, was wir in unserem Autonomie- und Vollkommenheitsstreben gesucht haben, nämlich einen Zustand von Befreiung, von Ganzheit, von Liebe und Zufriedenheit, paradoxerweise dort erfahren können, wo wir diese leidvollen, zwanghaften, illusionären Ideale loslassen und uns zu unserem Einfach-Ganz-Gewöhnlich-Sein, zu unserer nackten Wahrheit und Menschlichkeit, die Gutes wie Böses, Weibliches wie Männliches, Körperliches wie Geistiges, Unbewusstes und Bewusstes umfasst, bekennen. Indem wir uns als die zulassen, die wir sind, können wir uns selbst vergessen. Dann entspannen wir uns. Unser Blick wird offen und frei für das, was wir eigentlich immer gesucht haben: die Freude an unserer Existenz und die Erfahrung unserer Einheit und Verbundenheit mit dem Leben.[2]

Der Kaiser lässt sich und seine neue Kleidung bewundern.
Aquarell nach einer Illustration von Harry Clarke (1889-1931)

Selbst-Verlust in der Kleiderkammer

Vor vielen Jahren lebte ein Kaiser, der so ungeheuer viel auf hübsche Kleider hielt, dass er all sein Geld dafür ausgab, um recht geputzt zu sein. Er kümmerte sich nicht um seine Soldaten, kümmerte sich nicht um das Theater und liebte es nicht, in den Wald zu fahren, außer um seine neuen Kleider zu zeigen. Er hatte einen Rock für jede Stunde des Tages, und wie man sonst von einem König sagt, er ist im Rate, sagte man hier immer: »Der Kaiser ist in der Kleiderkammer.«

Die Geschichte von des Kaisers neuen Kleidern handelt von einem Menschen, der offenbar sich selbst und seinen Lebenssinn verloren hat. Sein Leben scheint eng und eingeschränkt. Er ist nicht mehr in der Lage, seine Regierungsgeschäfte zu erledigen, er kann Kunst und Natur nicht mehr genießen. Wir hören auch nichts davon, dass er eine Frau und Kinder hat. Er scheint weder eine wirkliche Beziehung zu sich selbst noch zu anderen Menschen zu haben. Stattdessen ist er zwanghaft und suchtartig mit seinen Kleidern beschäftigt. Er gibt sein ganzes Geld dafür aus, um »recht geputzt zu sein«, um einen guten äußeren Eindruck zu machen. Seine ganze Lebensenergie hat sich auf diesen einen Punkt der veräußerlichten Selbstdarstellung konzentriert und fixiert.

Was ihn in seine schier ausweglos erscheinende Situation gebracht hat, erfahren wir nicht. Wir könnten aber vermuten, dass das dauernde Repräsentieren-Müssen, das dauernde Theaterspielen, der dauernde Zwang, ein vorbildliches Leben zu führen und ständig im Mittelpunkt der Öffentlichkeit zu stehen, zu seiner tiefen Selbstentfremdung und Selbstentzweiung beigetragen haben.

Das klassische Märchen-Motiv vom König oder Kaiser, der seine Regierungsaufgaben nicht mehr erfüllen kann, weil er schwach und alt geworden ist, oder der von einer geheimnisvollen Krankheit befallen ist, die mit den üblichen Heilmitteln nicht gebessert werden kann, geht auf uralte Vorstellungen zurück. In vielen Kulturen waren König und Kaiser nicht nur weltliche Herrscher, die für Gesetz, Ordnung und Wohlergehen des Volkes in einem äußeren Sinne verantwortlich waren, sondern sie waren darüber hinaus für ihre Untertanen auch von höchster seelischer Bedeutsamkeit. Sie stellten das seelische Zentrum und den Lebenssinn des Volkes dar.

Ein Kaiser sollte ein Vorbild sein, er sollte Orientierung und Führung vermitteln. Die Menschen wollten sich mit ihm identifizieren können, an seiner Macht und Größe, seiner Vollkommenheit teilhaben. Er sollte ihre besten Tugenden und Ideale zum Ausdruck bringen: Weisheit, Liebe, Gerechtigkeit, Toleranz, Mut und Tapferkeit, Mäßigkeit. Häufig wurde er sogar als Repräsentant oder Inkarnation des Göttlichen auf Erden angesehen.

Seine Gesundheit, Vitalität und Fruchtbarkeit spiegelte die Gesundheit, Vitalität und Fruchtbarkeit des ganzen Volkes wider. Seine Macht war die Macht des Volkes, sein Glanz war der Glanz des Volkes, sein Reichtum war der Reichtum des Volkes. Psychologisch gesehen ist er damit ein Projektionsträger der Ganzheit des menschlichen Selbst.

Diese enge, identifikatorische Beziehung der Menschen zu ihren politischen und religiösen Repräsentanten und die Sehnsucht nach idealen, vorbildlichen führenden Persönlichkeiten ist auch heute noch überall zu beobachten. So ist z. B. der demonstrative Jugendlichkeits- und Fitnesskult der amerikanischen Präsidenten zu erklären, die ein Symbol für das ewig junge, ewig »fitte«, immer überlegene Amerika sein müssen oder auch unser ausgeprägtes Interesse am Leben und Treiben der weltlichen und adeligen »Herrschaftshäuser« unserer Zeit.

Wenn wir erfahren, dass selbst diese für uns herausragenden Persönlichkeiten nur menschlich-allzu-menschliche Züge haben, wenn auch sie krank und schwach werden, keine vorbildliche Ehe führen können, wenn sie sich als käuflich, unehrlich, betrügerisch, egoistisch, süchtig entpuppen, sind wir tief enttäuscht. In alten Kulturen wurden König oder Kaiser, wenn sie ihre Aufgaben als symbolische Repräsentanten der höchsten göttlichen und menschlichen Werte nicht mehr erfüllen konnten, abgesetzt oder sogar getötet. In unserer demokratischen Kultur gibt es auf solche menschlichen Schwächen und Verfehlungen keine Todesstrafe mehr, aber wir können doch auch noch sehr grausam und übermäßig moralisch reagieren, wenn sich unsere Helden und Führer als Persönlichkeiten mit Fehlern und Schattenseiten herausstellen. Ihr menschliches Versagen ahnden wir mit Bloßstellung und Lächerlichmachen, mit Gerüchtebildung, Verdächtigungen, Diffamierung und Rufmord. Fehler und Persönlichkeitsdefizite, typische Charakteristika, wie sie zu jedem Menschen einfach dazugehören, werden von den öffentlichen Medien gnadenlos attackiert, kritisiert, karikiert, kommentiert. Daran wird sichtbar, wie viel Rivalität, Hass und Neid Menschen in besonderen Positionen ausgesetzt sind.

Das Hochgefühl der Wichtigkeit und Macht, das wir alle erleben können, wenn wir irgendwo »auftreten«, eine besondere Rolle spielen, von anderen Menschen erwartet oder bewundert werden, wird deshalb oft bezahlt mit einem starken hintergründigen Gefühl von kritischem Beobachtet- und Kontrolliertwerden. Wir stehen dann unter dem dauernden Druck, einen guten Eindruck machen, gut und vorbildlich sein, uns zusammennehmen zu müssen. Wir haben Angst vor peinlichen Missgeschicken, vor Versagen und »Entblößungen«, wir befürchten irgendwann wegen irgendeiner Sache, die wir in der Vergangenheit gemacht haben, »entlarvt« zu werden.

Deshalb ist es verständlich, dass wir glauben, uns eine unangreifbare Maske, einen »Panzer«, ein »sehr dickes Fell« zulegen zu müssen. Ein solches dickes Fell mag zwar vor Angriffen und Verletzungen schützen, es kann aber auch dazu führen, dass der »wahre Mensch«, unser wirkliches menschliches Empfinden und Erleben immer mehr darunter verloren gehen.

Wie der Kaiser des Märchens sind nur wenige Menschen dieser dauernden inneren Anspannung, dem Druck, eine gute oder gar ideale Figur zu machen und der Angst vor dem Verlust ihrer Anerkennung, wirklich gewachsen. Sie können es nicht verkraften, wenn sie »absteigen«, »entthront« oder »fallen gelassen« werden, weil sie ihre Rolle nicht mehr spielen, ihre Funktion als ideales Vorbild nicht mehr aufrecht halten können. Die Flucht in die Arbeit, die Ablenkung, den Alkohol, die Tabletten oder die Drogen erscheint dann als letzter Ausweg, um die innere Leere und den Sinnverlust zu überdecken.

Könige und Kaiser können also unerfüllbare Vollkommenheits- und Größenfantasien symbolisieren, aber auch, im günstigeren Fall, die Möglichkeit, das Beste und Höchste in unserem Leben zu verwirklichen, die Möglichkeit, ganz in Übereinstimmung mit unserem wahren Wesen zu leben. Wenn wir uns «königlich» fühlen, fühlen wir uns im Vollbesitz unserer Kräfte und stehen auf dem Höhepunkt unseres Lebensgefühls. Unser Leben verläuft wohlgeordnet, wir sind erfolgreich und bekommen die Anerkennung, die uns zusteht.

Der Kaiser in unserem Märchen befindet sich nicht im Vollbesitz seiner Macht und Kraft, sondern in einem Zustand der Sinnlosigkeit und Krankheit. Er müsste sich, anstatt chamäleonhaft seine Kleider zu wechseln und sich ganz im äußeren schönen Schein zu verlieren, einem inneren Wandlungsprozess unterziehen, der ihn aus dem Gefängnis seiner Fassadenhaftigkeit zu einer erweiterten Seins- und Selbsterfahrung führt.

Auch unser Selbst bedarf ständiger Veränderung und Verwandlung. Keine Manifestation des Selbst kann über eine längere Zeitspanne hin absolute Gültigkeit beanspruchen. Bestimmte Einstellungen, Haltungen, Werte, die eine Zeit lang vielleicht der bestmögliche Ausdruck unseres Wesens waren, sind irgendwann nicht mehr ausreichend und angemessen.

Das Selbst als dynamisches Zentrum der Psyche befindet sich in einem ständigen inneren Fluss, und es ist unsere Aufgabe, uns für die neuen Erscheinungsformen des Selbst offen zu halten, die sich immer wieder neu im Hier und Jetzt des gegenwärtigen Lebens zeigen.

Alle lebenden, sozialen, religiösen und politischen Systemen haben einerseits eine Tendenz zur Strukturbildung und Verfestigung, andererseits eine Tendenz zur Veränderung und Wandlung. Was jahrelang, manchmal sogar über viele Jahrhunderte hinweg von höchster Wichtigkeit und Bedeutsamkeit für den Menschen gewesen ist, kann nach einer bestimmten Zeit seine Wirksamkeit und Energie verlieren. Es veraltet, versteinert, stirbt ab. Wird der alte Zustand über seine Zeit hinaus aufrechterhalten, dann wirkt er nur noch lächerlich, wie eine Karikatur seiner selbst. Wir können das an Menschen sehen, die zu lange an einer bestimmten Mode oder einem Trend festhalten. Sie kommen uns dann »verstaubt«, »altmodisch« oder »verschroben« vor. Oder denken wir an veraltete kirchliche Dogmen und Rituale, die uns eher zur Empörung oder zum Lachen reizen, als dass sie uns einen Zugang zur religiösen Erfahrung ermöglichen.

Hierher passt eine buddhistische Geschichte, die auch einige Ähnlichkeit mit des »Kaisers neuen Kleidern« hat:

In Lhasa, der Hauptstadt Tibets, herrschte der Brauch, dass sich die Mönche auf den Stufen des größten Klosters versammelten, um theologische Fragen zu diskutieren. Einer nach dem anderen war an der Reihe, ein religiöses Rätsel zu lösen. Die Fragen waren jedoch schon vor langer Zeit gestellt worden, die Antworten waren immer dieselben und wurden seit altersher auswendig gelernt.

Zu seinem Kummer wurde auch von dem Dalai Lama erwartet, dass er dort einmal im Jahr seinen Platz vor den versammelten Mönchen einnehme und sich dem Fragеritual unterziehe. Seine Ratgeber bestimmten einen Mönch, der ihm die von ihnen gewählte Frage stellte, deren Antwort vorher sorgfältig einstudiert wurde. Obwohl Frage und Antwort ein abgekartetes Spiel waren, pflegten die versammelten Mönche in atemlose Bewunderung auszubrechen.

Als sich im dreizehnten Jahr die Zeit des Fragerituals näherte, entschied der Dalai Lama schließlich, dass er davon genug habe. Er war dieser heuchlerischen Maskerade aus Spontanität und dieses Ausbruchs atemloser Bewunderung überdrüssig geworden, die seiner eingeübten Antwort wie immer folgen würden – einer seit Langem feststehenden Antwort, die niemand wirklich verstand.

Die Frage dieses Jahres war: »Wie antworten die Flüsse einem Vogel, wenn es regnet?«

Die Antwort: »Indem sie sich in Schnee verwandeln«.

Der Dalai Lama hegte den brennenden Wunsch nach einer originellen Antwort, eine, die für immer diese falsche Bewunderung zum Schweigen bringen und den Schleier falscher Höflichkeit lüften würde.

Je länger er nach einer vollkommenen Antwort suchte, umso tiefer sanken seine Augen und desto steiler wurde seine Falte zwischen seinen Brauen. Nacht für Nacht wachte er in ruheloser Schlaflosigkeit, Tag für Tag kämpfte er um die genau richtige Antwort. In wenigen Wochen schien er vom Knaben zum Greis zu altern, schließlich verfiel er in eine tiefe Melancholie.

Am vorgesehenen Tag ließ er seinen Regenten kommen, der von dem hinfälligen Äußeren des jungen Lama tief bestürzt war. Der Dalai Lama glich einer vollständig ausgetrockneten Frucht.

»Es wird keine rituellen Fragen mehr geben,« sagte der Dalai Lama. »Ich will eine lebendige Frage, einfach gestellt. Eine, die mich nicht in Verblüffung setzt, sondern die uns der Dinge bewusst werden lässt, wie sie auf dieser Erde wirklich sind. Und bei meiner Antwort verbitte ich mir jede Art von geheuchelter Bewunderung.«

Als der so sehr gealterte Dalai Lama vor der Versammlung der Mönche erschien, erschraken sie in ihrem Innersten zutiefst über das, was sie sahen, ließen sich aber nach außen hin nicht das Geringste anmerken. Keiner unter ihnen war in der Lage, sich auch nur eine einzige neue Frage auszudenken. Keiner wusste den Dalai Lama etwas Sinnvolles zu fragen.

Den ganzen Tag und bis tief in die dunkle Nacht hinein saßen sie zusammen, unbewegt und schweigend.

Endlich fragte einer der jungen Mönche mit ängstlicher, stockender Stimme: »Ist Ihnen nicht kalt, Eure Heiligkeit?«

»Ja, mir ist kalt«, antwortete darauf der Dalai Lama, »frieren wir hier denn nicht alle?«

»Ja, Eure Heiligkeit, wir frieren auch,« erwiderten die Mönche.

»Dann«, sagte der Dalai Lama, »lasst uns nach drinnen gehen.«

Als die Mönche sich in der großen Halle versammelten, wo Öllampen ein warmes Licht verbreiteten, stieg ein gesunder und verjüngter Dalai Lama auf seinen Thron.

Und als er sagte, »dies ist genau die Art von Frage und Antwort, die wir brauchen« war er wieder der strahlende, über das ganze Gesicht lächelnde Junge, den sie kannten.[3]

Sucht als Sehn-Sucht nach dem wahren Selbst

Der Kaiser in unserem Märchen beschäftigt sich suchtartig mit seinen Kleidern. Nun könnte man denken, diese zwanghafte Fixierung auf seine Kleider sei nichts anderes als eine Ablenkung, weil er sich mit seiner wirklichen inneren Situation nicht auseinandersetzen will. Häufig aber ist ein seelisches Krankheitssymptom weit mehr als eine Ablenkung oder eine zufällige Erscheinung. Die unbewusste »Wahl« einer Symptomatik – warum wir welche Symptomatik entwickeln – kann uns manchmal auch darauf hinweisen, was uns eigentlich fehlt, was wir eigentlich suchen.

Wir haben heutzutage den Eindruck, als würden die verschiedensten Formen von zwang- und suchthaftem Verhalten ständig zunehmen. Wir hören und lesen von Ess-, Fress-, Magersucht, von Alkohol-, Medikamenten-, Nikotin-, Drogenabhängigkeit, von Spiel- und Kaufsucht, von Arbeits- und Fernsehsucht, von der Sucht nach Sexualität, der Reisesucht, der Ablenkungssucht, der Sucht nach ständig neuen Reizen. Alles, was uns Spaß und Befriedigung schenkt, scheint zur Sucht werden zu können.

Soziologen, Gesellschaftskritiker und Psychologen sehen die Ursachen hierfür in der äußeren gesellschaftlichen Realität. Beispielsweise suggerieren uns die Werbung und die Medien unerfüllbare Ideal-Vorstellungen von Attraktivität, Jugendlichkeit, Fitness und Leistungsfähigkeit, denen wir verzweifelt nacheifern, ohne sie je zu erreichen. Als andere Faktoren werden der zunehmende Stress angesehen, die Hektik, die Überforderung, die Anonymität und Leere in der Massengesellschaft, die zunehmende Gewalt und Sinnlosigkeit im Alltag, der Werte- und Orientierungsverlust.

Darüber hinaus weisen Tiefenpsychologen und Psychotherapeuten darauf hin, dass diese Suchterscheinungen auch Ausdruck des Fehlens einer wahrhaften Beziehung zu uns selbst sein können. Sie fragen: »Was suchen wir eigentlich wirklich mit unserer Sucht?« »Welche neuen – vielleicht spirituellen? – Erlebensdimensionen möchten wir mit Hilfe von Drogen erfahren?« »Was für eine heilsame Nahrung möchten wir zu uns nehmen, wenn wir fresssüchtig sind?« »Welche Werte wollen wir eigentlich wirklich besitzen, wenn wir ständig etwas Neues kaufen müssen?« »Worin wollen wir uns eigentlich wirklich kreativ verwirklichen, wenn wir ständig arbeiten müssen?«

Wenn wir also tiefer verstehen wollen, was der Kaiser in seiner Kleider-Sucht eigentlich wirklich sucht, dann müssen wir uns vor Augen halten, dass eine seelische Symptomatik selten eine nur isolierte, vom ganzen Menschen abgrenzbare Angelegenheit ist. Sie ist häufig ein vielfach determiniertes, verdichtetes Symbol unserer Konfliktlage, ein Kompromiss zwischen verborgenen Wünschen und der Angst vor ihrer Realisierung, zwischen Abwehr und möglicher Lösung, zwischen individuellen Selbstverwirklichungstendenzen und gesellschaftlich hemmenden Faktoren. Sie ist ein leidvolles, aber auch schöpferisches Signal zur Veränderung.

C. G. Jung betonte immer wieder – und ist damit auch heute noch weit der Zeit voraus – dass seelische Störungen nicht symptomatisch bekämpft werden sollten, sondern dass man ihren tieferen Sinn verstehen müsse. Eine Neurose sei der Ausdruck dafür, dass der Mensch nicht wage, seine Ganzheit zu leben, dass er den Bezug zu seinem wahren Selbst und damit seinen Lebenssinn verloren habe. Es gehe nicht darum, den Menschen von seiner Neurose zu befreien, sondern darum, dass die Neurose den Menschen von seinen falschen Einstellungen und Werten heile. Hinter einer psychischen Erkrankung kann also immer auch ein Impuls zur Bewusstseinserweiterung, Selbst-Verwirklichung und Sinn-Findung gesehen werden.

Eine solche Auffassung ist für viele Menschen heute noch schwer verständlich, weil wir es gewohnt sind, alles aus der Perspektive unseres Ich-Bewusstseins zu sehen und dabei gar nicht wahrnehmen, dass unser Ich nur ein sehr kleiner Teil des gesamten körperseelischen Organismus ist. Deshalb ist es an dieser Stelle vielleicht hilfreich, die Beziehung zwischen unserem Ich-Bewusstsein und dem

Selbst im Verlauf unserer seelischen Entwicklung etwas ausführlicher darzustellen.

Das »Selbst« soll hier als ein Ausdruck für die Ganzheit unserer Persönlichkeit verwendet werden, für alles, was wir in körperlicher, seelischer und geistiger Hinsicht sind, für alle unsere Fähigkeiten und Begabungen, für alle Funktionen und Potenziale, für unsere bewussten und unbewussten Seiten. Zu unserem Selbst gehört auch jene Weisheit, die in unserem Körper mit dem Augenblick der Befruchtung der Eizelle wirksam wird und alle weiteren Entwicklungsprozesse körperlicher wie seelischer Art organisiert. Aus dieser unentwegten gestaltenden und organisierenden Tätigkeit, die sowohl vor der Geburt als auch nachher immer in einem engen Wechselspiel und Austausch mit der Umwelt und den Beziehungspersonen abläuft, entsteht ganz allmählich unser Ich-Bewusstsein. Im Ich-Bewusstsein wird sich das Selbst seiner selbst bewusst.

Das Ich-Bewusstsein ist in den ersten Monaten unserer menschlichen Existenz nur keimhaft vorhanden, es ist schwach und undifferenziert. Es taucht immer nur kurzzeitig aus den unbewussten Zuständen der Psyche hervor, um alsbald wieder in ihnen zu verschwinden. Damit es sich überhaupt entwickeln und differenzieren kann, muss es sich aus dem ständigen Strom der Innenwelt- und Außenweltreize herausgrenzen. Bewusstseinsentwicklung heißt immer Trennung, Abgrenzung, Unterscheidung. Um uns selbst und die Welt bewusst erfahren zu können, müssen wir sie begrifflich in Polaritäten aufteilen: Innen und Außen, Ich und Du, Oben und Unten, Hinten und Vorn, Tag und Nacht, Vergangenes und Zukünftiges usw.

Damit wir eine Orientierung für unser Handeln haben, teilen wir unsere Erfahrungen auch auf in Werte und Unwerte, in Gut und Böse, Richtig und Falsch. Durch diese Unterscheidungen, die von Kultur zu Kultur, von Zeit zu Zeit variieren, identifizieren wir uns mit einem engen Ausschnitt von möglichen Werten und Vorstellungen, während wir andere Bereiche aus unserem Leben ausschließen. Das ist einerseits notwendig und hilfreich, andererseits mit vielerlei Täuschungen und mit viel Leid verbunden, denn häufig genug sind unsere Unterscheidungen gegen das Leben, gegen uns selbst und unsere Ganzheit gerichtet.

Wenn wir nun unser Ich-Bewusstsein einigermaßen gefestigt und uns in der Gesellschaft etabliert haben, wäre der nächste organische Schritt im Lebensprozess, die alten, einschränkenden Lernprozesse als solche zu erkennen, sie teilweise rückgängig zu machen, sie teilweise zu verändern und den Seiten, die in uns und aus unserem Selbst heraus nach Entfaltung drängen, zunehmend mehr Raum zu geben.

Aber an dieser Stelle bleiben wir häufig stehen. Unser Leben spielt sich jetzt nur noch in den gesellschaftlich vorgegebenen Bahnen ab. Das Bedürfnis nach Sicherheit und Ordnung des Lebensablaufs wird vorherrschend. Wenn wir uns im gesellschaftlichen Leben einigermaßen gut integriert fühlen, einen einigermaßen befriedigenden Beruf haben, in einer geordneten Partnerschaft und Familie leben und einigermaßen gesund sind, sehen wir in der Regel wenig Grund oder Notwendigkeit, uns weiter zu entwickeln und neue Erfahrungsdimensionen zu suchen.

Auch die gesellschaftlichen Angebote zur weiteren Lebensgestaltung zielen nicht auf Persönlichkeitserweiterung und -wandlung ab, sondern auf eine beständige Wiederholung und gelegentliche leichte Variation des bereits Bekannten und Vertrauten: mehr beruflicher Erfolg, mehr Geld, ein weiteres Auto, ein größeres Haus, mehr Sexualität, mehr Freizeit, mehr Reisen, mehr Hobbys.

Nur relativ wenige Menschen stellen sich etwa in der Lebensmitte und danach die bange Frage, wie es denn jetzt anders weitergehen könnte, ob es überhaupt noch Alternativen gibt und ob sich überhaupt noch etwas Neues erfahren lässt. Sie kommen gar nicht auf die Idee, dass alles, was sie bis dahin getan haben, nur ein Vorspiel gewesen sein könnte, dass das eigentliche Leben erst noch gefunden und gelebt werden könnte, dass das Leben noch viel mehr

Dimensionen enthält, die sie entdecken könnten, wenn sie danach fragen würden.

Damit aber lassen wir uns das Beste des Lebens entgehen. Es ist, als hätten wir uns ein halbes Leben lang gemüht, den Baum des Lebens zu pflanzen, zu hegen, zu pflegen, zu nähren und ihn wachsen zu lassen, wollten jetzt aber die wundervollen reifen Früchte, die das eigentliche Ziel unserer Bemühungen gewesen sind, nicht genießen. Es scheint, als hätten wir im Erwachsenwerden, im Prozess der Integration in die Gesellschaft vergessen, was wir eigentlich wirklich wollten oder besser: was das Leben eigentlich wollte, als wir geboren wurden. Gerade jetzt, wo wir genügend Freiheit und Stabilität erreicht haben, um mit dem eigentlichen Leben beginnen zu können, verharren wir im Alten und Alltäglichen. Unsere Lebenszeit füllen wir routinemäßig mit den immer gleichen Gedanken und Verhaltensweisen, wir vermeiden neue Erfahrungen und gehen Situationen, die uns verändern könnten, aus dem Wege.

Auch der Kaiser im Märchen entwickelt sich nicht mehr weiter. Er hat seine ganze Lebensenergie in seine Kleidung investiert, er gibt sein ganzes Geld dafür aus »recht geputzt zu sein«. Jetzt, nachdem er vielleicht den Höhepunkt seines Lebens erreicht hat, jetzt, wo er weiß, wie man sich als Kaiser zu bewegen und zu kleiden hat, jetzt, wo er seine schöpferischen Energien auf etwas Neues konzentrieren könnte, bleibt er stehen. Er ist hypnotisch fixiert auf nur einen lächerlich kleinen, oberflächlichen Aspekt seiner Persönlichkeit, auf sein äußeres Erscheinungsbild.

Wie kommt es, dass es uns so schwer fällt, unser inneres Selbst zu entdecken und ihm zur weiteren Verwirklichung zu verhelfen? Einige der Gründe dafür werden wir in den nächsten Kapiteln erörtern. Sie hängen mit unserer Trägheit, unserem Bedürfnis nach Sicherheit und unserer tiefen Angst vor sozialer Abwertung und Ablehnung zusammen. Der Hauptgrund aber scheint einfach darin zu liegen, dass wir zunächst nichts anderes wirklich kennen können, als das relativ eingeschränkte Feld unseres Ich-Bewusstseins.

Unser Selbst, diejenige steuernde Intelligenz des Organismus, die das Ich-Bewusstsein hervorbringt, die hinter dem Aufbau der Ich-Instanz steht und seine Existenz erst ermöglicht, ist dem Bewusstsein gar nicht direkt zugänglich. Das Auge, das zu sehen vermag, kann sich selbst nicht unmittelbar sehen, das Ohr, das hört, kann sich selbst nicht direkt hören, unser Gehirn, das unsere ganze seelische Welt erzeugt, kann sich selbst nicht direkt wahrnehmen.

Die Wirkungsweise unseres Selbst ist unserem Ich-Bewusstsein notwendigerweise verborgen und kann nur indirekt erschlossen oder erfahren werden, z. B. in veränderten Bewusstseinszuständen, in Träumen, in der Meditation, in unwillkürlichen körperlichen Reaktionen oder auch in neurotischen Erkrankungen, die uns klar machen, dass unser Ich-Bewusstsein gar nicht der Herrscher im eigenen Haus ist.

Unser Selbst hat aber auch eine Tendenz, sich in seiner umfassenderen Natur zu erfahren. Da es sich selbst in seiner Ganzheit unbewusst ist, entwirft und projiziert es unentwegt Bilder, Symbole und Modelle, in denen es sich spiegeln kann und die seinem Wesen so nahe wie möglich kommen.

Das höchste Symbol und das beste Abbild für die Ganzheit des Selbst wäre eigentlich der Mensch in seiner körperseelischen Einheit und in seiner Verbundenheit mit dem Leben auf dieser Erde. Aber solange der Mensch sich nicht als das Selbst und das Selbst sich nicht als Mensch begreifen kann, ist es auf andere äußere, abstraktere Symbole angewiesen, die ihm seine schöpferische Natur und seine Ganzheit nahebringen.

Solche Symbole sind vor allem die religiösen Urbilder der Menschheit. Diese sind keine willkürlichen Erfindungen, sondern schöpferische, häufig spontan auftauchende Selbstabbildungen des Selbst. Die in uns wirkende Weisheit und Kraft des Selbst als die Summe des ganzen evolutionären Prozesses symbolisiert sich in unserer Vorstellung als göttliches Wesen, als schöpferische Energie, als die Sonne, der Himmel, die Erde, das alles durchflutende

Licht, die Kugel, der Diamant, die goldene Blüte, der Alte Weise, die Große Mutter, das göttliche Kind.

Weil das Selbst eine schöpferische Synthese aus Vergangenheit und zukünftigen Entfaltungsmöglichkeiten, aus Hellem und Dunklem, aus Männlichem und Weiblichen ist, stellt es sich auch in vereinigenden Symbolen dar wie z. B. dem Mandala, dem chinesischen Yin/Yang-Symbol oder der sexuellen Beziehung zwischen Mann und Frau. Schließlich kann sich das Selbst – da es das Kostbarste ist, was das Universum bisher hervorgebracht hat – in all dem symbolisieren, was uns als kostbar und wertvoll fasziniert: Geld und Gold, Reichtum und Macht, Ruhm und Ehre, Schönheit und Attraktivität und natürlich eben auch: wertvolle Kleidung.

Ja, letztlich lässt sich hinter allem, was uns wichtig ist – auch hinter unserem Bedürfnis nach Bedeutsamkeit und Großartigkeit – die Sehnsucht des Selbst nach Selbst-Erfahrung sehen. Und es macht unsere Tragik aus, dass wir nicht erkennen, dass das, was wir oft im Geld, im Besitz und in der Schönheit faszinierend finden, zu einem großen Teil etwas ist, das wir in uns selbst tragen. Unser Selbst, unser Leben, das wir auf dieser Erde leben, unser Bewusstsein, unsere Liebesfähigkeit und die schöpferische Kraft, die wir besitzen, sind das eigentlich Wertvolle. Die Schönheit und Ganzheit unseres Selbst ist unsere wahre Schönheit, ist unser wahrer Glanz, ist unser wirklicher Reichtum.

Wenn wir im Folgenden versuchen, die Symbolik des Geschehens im Märchen von des Kaisers neuen Kleidern zu verstehen, dann werden wir vor allem diesem Aspekt der Selbstfindung unsere Aufmerksamkeit schenken. In der suchthaften Beschäftigung des Kaisers mit seinen Kleidern stellt sich dann seine Sehn-Sucht nach der Erfahrung und der Verwirklichung seines inneren Selbst dar, die er aber so lange nicht finden kann, solange er sich krampfhaft weigert, seine innere Wahrheit zu erkennen, seine Täuschungen über sich aufzugeben und zur Nacktheit und ursprünglichen Offenheit zurückzukehren.

Kleider – Zwischen Fassade und Selbst-Verwirklichung

Eine Frau von etwa 50 Jahren träumte: »Irgendwie fühle ich mich sehr eingeengt. Ich habe den Eindruck, ich sei wie in einem Panzer eingeschnürt und kann kaum atmen. Ich laufe hierhin und laufe dorthin und kann den Grund für diese Enge nicht finden. Ich öffne das Fenster. Die Luft befreit mich aber auch nicht von meinem Druckgefühl. Endlich schaue ich an mir herunter. Ich merke, dass ich in einem ganz engen Kleid stecke. Ich will das Kleid loswerden. Die Knöpfe sind so zum Zerreißen gespannt, dass ich sie kaum aufbekomme. Ich reiße es mir herunter. Zu meinem Erstaunen entdecke ich jetzt, dass ich darunter noch ein Kleid trage, das mir aber jetzt viel besser passt und in dem ich mich frei und wohlfühle.«

Die Träumerin litt unter starken Angstgefühlen, die sie sich nicht erklären konnte. Menschen, die sie kannten, empfanden sie als intelligent, selbstbewusst, dominant, attraktiv. Keiner von ihnen hätte sich vorstellen können, dass gerade sie unter Angstsymptomen leiden könnte. Sie achtete sehr stark auf ein gepflegtes Äußeres, was ihr eine etwas disziplinierte und distanzierende Ausstrahlung gab. Lange Zeit waren ihr die Hintergründe ihrer Symptomatik nicht zugänglich, bis ihr nach und nach Verschiedenes bewusst wurde.

Sie hatte ein Leben lang versucht, dem inneren Idealbild einer emanzipierten, unabhängigen Frau zu entsprechen. Sie hatte sich von ihrem Vater, der ihr sehr wichtig gewesen war, missachtet und seelisch misshandelt gefühlt. In ihrer Pubertät schwor sie sich, sie wolle sich von keinem Mann mehr in dieser Weise verletzen lassen. Sie zog früh aus ihrem Elternhaus aus und heiratete einen sanftmütigen, netten Mann, den sie zwar mochte, aber nicht leidenschaftlich begehrte. Die fehlende sexuelle Leidenschaft schien sie nicht zu stören, die Ehe lief über lange Jahre gut, bis eben diese unerklärlichen Angstsymptome auftauchten.

Wie der Traum nahelegt, hatten die ihr unerklärlichen Ängste damit etwas zu tun, dass sie sich in eine zu enge Lebensform hineingezwängt hatte. Angst kommt aus der indogermanischen Wortgruppe »angh«: eng, einengen, zusammendrücken oder -schnüren. Im Lateinischen bedeutet »angustiae« Enge, Klemme, Schwierigkeiten. Bei ihrem Bemühen, möglichst unabhängig und emanzipiert zu sein, hatte sie andere Bedürfnisse z. B. nach Abhängigkeit, Geborgenheit, Nähe, Hingabe, Zärtlichkeit und Sexualität abgewehrt und versucht, unter Kontrolle zu halten. Ihre Haltung der Autonomie war im Lauf der Jahre zu einem festen Panzer geworden. Er schützte sie – wie das Panzerkleid den Ritter – vor seelischen Verwundungen und Verletzungen, die sie befürchtete, wenn sie sich von ihren vermeintlich schwachen Seiten zeigen würde. Was früher einmal hilfreich für sie gewesen sein mochte, stellte sich jetzt als Gefangenschaft heraus.

Ihre Angst entpuppte sich schließlich als eine abgewehrte Mischung unterschiedlichster Gefühle und Bedürfnisse: Lebendigkeit, Spontanität, Sinnlichkeit, Erregung, Kontrollverlust, Trauer, Loslassen, Frei-Sein, Aggression, Sich-Begeistern-Lassen. Die andauernde Kontrolle hatte gerade ihre vitalsten Seiten unterdrückt! Die Angst war damit, wie in so vielen Fällen, nicht ein störendes neurotisches Symptom, das mit Medikamenten oder sonstigen Hilfsmitteln direkt bekämpft werden durfte, sondern sie war ein Signal dafür, dass sie in Begriff war, etwas für sie ganz Lebensnotwendiges absterben zu lassen. Der Traum ermutigte die Träumerin, sich von ihrer alten, einengenden »Persona« zu befreien, sich wie eine Schlange zu häuten und zu einer erweiterten Identität zu finden, die ihrem jetzigen Entwicklungs- und Reifungsstand mehr entsprach.

Kleider symbolisieren in unseren Träumen, aber auch in den Märchen und Mythen der Menschheit, oft unsere »Persona«, also diejenigen Seiten von uns, die wir anderen Menschen gegenüber zeigen. Die Persona umfasst neben unseren nach außen hin gezeigten Charaktereigenschaften, Eigenheiten und Verhaltensweisen auch bestimmte Rollen, die wir spielen und Dinge, mit denen wir uns umgeben und die unsere Persönlichkeit ausdrücken sollen: Status-

Symbole wie Auto, Haus und Besitz. Auch Tiere und Partner können zu Persona-Aspekten werden.

Wenn man Bücher über Selbstfindung oder Selbstverwirklichung liest, entsteht oft der Eindruck, dass die Auseinandersetzung mit unserer Persona eine zu vernachlässigende oder gar hinderliche Größe sei, als ob es primär um die Erfahrung und Verwirklichung der »höheren« oder »inneren« Werte und Aspekte der Persönlichkeit ginge. Eine solche einseitige Auffassung hängt mit einer Überschätzung unserer vermeintlichen Autonomie und Unabhängigkeit zusammen.

Tatsächlich wird das, was wir als Wirklichkeit und als Identität erleben, in sehr hohem Maße durch die Beziehung zu unseren Mitmenschen bestimmt. Es gibt kein Bewusstsein und keine Identität, die nicht in einer unauflöslichen Wechselbeziehung und Kommunikation mit unseren Mitmenschen und unserer Umwelt entstanden ist. Selbst-Verwirklichung ist deshalb immer ein Prozess, in dem ein beträchtlicher Teil unserer Energie und Aufmerksamkeit gerade für die real-konkrete Verwirklichung unseres Wesens in Übereinstimmung mit den Erfordernissen der Gesellschaft, der Umwelt und der Natur aufgewendet werden muss. Individuation findet nicht in der Weltabgeschiedenheit und im stillen Kämmerlein statt, sondern in der Auseinandersetzung mit der Welt und den Mitmenschen. Dabei spielt unsere äußere Erscheinung, die ja unmittelbarer Ausdruck unseres inneren Wesens ist und von diesem gar nicht wirklich getrennt werden kann, eine große Rolle.

Deshalb betont unser Selbst oft die Notwendigkeit und Wichtigkeit einer guten und gesunden Persona und häufig geschieht das in Kleider- und Nacktheitsträumen. So träumte beispielsweise ein Mann, dem es schwer fiel, sich von dem unverbindlichen, lockeren Lebens- und Kleidungsstil seiner Studentenzeit zu verabschieden, zu seiner Überraschung, dass er im 1. Klasse-Abteil eines Intercity fuhr. Er trug einen eleganten schwarzen Anzug und hatte einen Aktenkoffer bei sich. Das machte ihn darauf aufmerksam, dass es jetzt wohl allmählich an der Zeit für ihn war, sich eine »erwachsenere« Persona zuzulegen und eine ihm angemessene Rolle in der Gesellschaft zu übernehmen, wenn er den Anschluss an die Lebensdynamik nicht verlieren wollte. Ein anderer Mann mit einer ähnlichen Thematik befand sich im Traum auf einer Veranstaltung, wo viele Leute festlich gekleidet waren. Er entdeckte plötzlich, dass er nackt war, worüber er sich sehr schämte. Auch hier offenbarte der Traum einen Mangel an gesellschaftlich notwendiger Anpassungsfähigkeit.

Kleidung hat vielfältige Funktionen. Sie schützt uns vor Hitze und Kälte, vor Regen, Wind und Wetter wie auch vor Verletzungen. Sie hilft uns, schambesetzte Intimbereiche und mögliche körperliche Mängel zu verbergen. Sie bewahrt uns vor der möglicherweisen peinlichen Bloßstellung unserer »nackten Wahrheit«, die wir nicht jedem und zu jedem Zeitpunkt offenbaren möchten.

Kleider geben darüber hinaus anderen Menschen eine Orientierung, wie sie uns einordnen können oder sollen. In unserer Kleidung zeigen wir z. B. unsere nationale und soziale Zugehörigkeit (Trachten und Nationaltrikots, die typischen Kleidungsformen der 68er-Generatio, der Hippiebewegung und der »Blumenkinder«, der Rocker, Skinhead-, Punker- und Piercing-Kultur etc.), durch »unauffällige« Embleme und Markennamen, Qualität und Kostbarkeit der Stoffe und Accessoires, Modellkleider etc. signalisieren wir unseren Status und Reichtum. Kleidung kennzeichnet unseren Berufsstand (Blaumann, weiße Kittel, Uniformen, Amtstrachten, Roben, legerer »Sozialarbeiter-Look«). Mit Kleidung können wir unsere religiöse Zugehörigkeit (z. B. die Kopfbedeckung der islamischen Frauen, Nonnen- und Mönchsgewänder) ebenso ausdrücken wie unsere augenblickliche Lebenssituation und Stimmung (etwa Trauerkleidung, Hochzeitskleid, festliche Kleider, Freizeitkleidung).

In vielen religiösen Zeremonien und Initiationsriten wird der neue Mensch oder der neue Bewusstseinzustand, der durch das Ritual erweckt werden soll, auch durch ein Wechseln der Kleidung bzw. durch das Anlegen neuer oder besonderer Kleidung symbolisiert. Manche Frauen vollziehen unbewusst einen solchen Erneuerungs-Ritus, wenn sie sich neue Kleidung zulegen oder zum Friseur gehen, und sich dann wie neugeboren fühlen.

Seit Urzeiten dient uns also das Kleiden, das Schmücken und Dekorieren unseres Körpers über die ganz praktische Schutzfunktion hinaus dazu, die eigene Person, den eigenen besonderen Wert, die individuelle Identität, unsere Geschlechts- und Gruppenzugehörigkeit und unsere soziale Situation oder Position dar- und herauszustellen. Den Körper zu verschönern, entspringt einem tiefen menschlichen Bedürfnis nach Selbst-Ausdruck und einer gesunden Selbstliebe. So können Kleider im besten Falle ein unmittelbarer Ausdruck unseres wirklichen Wesens, unserer Lebendigkeit und Lebensfreude sein oder zumindest ein Versuch, sich diesem anzunähern und es zu gestalten.

Es wäre deshalb einseitig, hinter unserer intensiven Beschäftigung mit unserem äußeren Erscheinungsbild hauptsächlich die Absicht nach Tarnung, Verstellung, Vortäuschung, das Verbergenwollen hinter einer unpersönlichen Maske oder Fassade zu sehen. Dies scheint zunächst eher eine untergeordnete Rolle zu spielen. In erster Linie dienen die unzähligen Formen und Variationen, die wir unserem Aussehen geben, dem Aufbau eines sicheren Selbstwert- und Identitätsgefühls.

Der von C. G. Jung geprägte Begriff »Persona« erscheint für diesen Aspekt unseres Wesen deshalb stimmiger als andere im psychologischen Jargon gelegentlich verwendete Bezeichnungen wie Fassade, Maske, Panzer oder falsches Selbst. Die letzteren Begriffe sind meistens zu eng und ausschließlich negativ besetzt. Es ist ja keineswegs die wichtigste Funktion der Persona, die wahre Persönlichkeit zu verbergen, sondern sie in sozial angemessener und förderlicher Weise zum Ausdruck zu bringen.

Zwar ist »Persona« der lateinische Ausdruck für die Maske, welche die Schauspieler im antiken Griechenland bei den Theateraufführungen trugen, um das Persönliche und Individuelle durch eine überpersönliche, mythische Gestalt und Rolle zu überdecken. Gleichzeitig aber stecken in diesem Begriff auch die Worte Person, persönlich und Persönlichkeit. Daraus können wir ableiten, dass eine »gut sitzende« und gesunde Persona mehrere Funktionen erfüllen muss: Sie muss ein uns angemessener und adäquater Ausdruck unserer ganzen Persönlichkeit sein, und sie muss gleichzeitig bestimmten gesellschaftlichen Rollen-, Verhaltens- und Einstellungserwartungen entsprechen, damit andere Menschen uns einordnen können und wir mit ihnen gut kommunizieren können. Schließlich muss sie es auch noch ermöglichen, dass der transpersonale, überpersönliche Teil unseres Selbst durch sie hindurch ihren Ausdruck finden kann.

Eine gut mit unserem wahren Wesen verbundene Persona ist für ein reibungsloses Leben innerhalb des gesellschaftlichen Gefüges von Beziehungen und Interaktionen lebensnotwendig. Ihr Fehlen führt ebenso zu psychischen und sozialen Störungen wie ihre überstarke Ausprägung, hinter der unsere Persönlichkeit und unser wahres Selbst nicht mehr wahrnehmbar sind. Im ersten Fall führt die fehlende Persona zu einer mangelnden gesellschaftlichen Integration, zu einer Außenseiterposition, die die Ausbildung einer gesunden Identität und eines stabilen Selbstwertgefühls sehr erschwert oder unmöglich macht. Im zweiten Fall wird die Persona zu einer Fassade, hinter der die eigene Persönlichkeit erstickt und sich von sich selbst entfremdet, was zu tiefen Krisen und psychischen Störungen führen kann.

Da sich Kleider leicht handhaben lassen, liegt es nahe, mit ihnen zu versuchen, anderen Menschen etwas vorzumachen, sich hinter ihnen zu verstecken, oder in ihrem Schutz mit neuen Verhaltensweisen zu experimentieren. Positiv nutzen wir das im Schauspiel, im Karneval und im Verkleidungsspiel, wo es uns auf diese Weise möglich wird, probeweise in andere Rollen zu schlüpfen und Charakterzüge anzunehmen, die uns im Leben sonst nicht zugänglich sind, oder die wir tabuisiert haben. Wie heilsam es ist, auf diesem Wege in einen spielerischen Kontakt mit fremden und abgewehrten Eigenschaften und Lebensformen in Berührung zu kommen, zeigen viele psychotherapeutische Verfahren (Psychodrama, Bibliodrama, Puppen- und Maskenspiele).

Wenn aber, wie beim Kaiser unseres Märchens, das Vorspielen zu einem Dauerspiel wird, wenn wir uns von der Rolle nicht mehr lösen, uns nicht mehr von ihr unterscheiden können, wenn wir die Maske nicht mehr ablegen können, dann wird das Leben unerträglich eingeengt. Die vielen anderen Seiten der Persönlichkeit, die wir haben, können sich am Spiel des Lebens nicht mehr beteiligen, sie werden krank und sterben ab oder werden destruktiv.

Das Leid, immer eine gute Figur machen zu müssen

Fühlen Sie sich auf Partys, bei Vernissagen, in der Theaterpause im Foyer, beim Stehempfang, bei Festessen häufig auch so unwohl? Ist es Ihnen auch schon einmal so gegangen, dass Sie sich in Gegenwart bekannter oder berühmter Leute merkwürdig verkrampft gefühlt haben? Waren Sie auch schon einmal irgendwie peinlich berührt davon, wenn Sie Schauspieler im Fernsehen gesehen haben, die sich anlässlich einer Veranstaltung überschwänglich freundlich begrüßten, als hätten sie sich gerade eben zum ersten Mal seit langer Zeit gesehen oder die sich gegenseitig feierten und hochlobten? Kennen Sie das Gefühl, in bestimmten »edleren« Geschäften, in Boutiquen, Parfümerien, in teuren Restaurants und Hotels irgendwie fehl am Platz zu sein?

Viele Menschen, die sich in solchen Situationen unbehaglich und schlecht fühlen, führen dies auf eigene persönliche Unsicherheiten und Minderwertigkeitsgefühle zurück. Sie glauben, sie müssten sich eigentlich so gut oder so sicher fühlen, wie sie es bei den anderen, die sich so vermeintlich souverän verhalten, vermuten. Sie wissen nicht, dass es den anderen sehr wahrscheinlich ebenso schlecht ergeht oder dass diese es inzwischen nur besser gelernt haben, sich zu tarnen. Sie versuchen deshalb, ihr flaues Gefühl in der Magengegend, ihre nervöse Anspannung und ihre Weglauftendenzen zu unterdrücken und schämen sich ihrer Unbeholfenheit.

Damit versuchen sie aber, ein echtes Erleben abzuwehren, denn ihr Unbehagen in solchen Situationen ist nicht ein Fehler oder eine Schwäche, sondern der natürliche und ganz gesunde Ausdruck dessen, dass etwas als unstimmig und krankmachend erlebt wurde.

Wir haben alle das Bedürfnis, in einen offenen, entspannten, ehrlichen, direkten Kontakt zueinander zu treten. Wir möchten so sein können, wie wir wirklich sind und so auch von anderen Menschen akzeptiert werden. In den beschriebenen Situationen ist dies aber nicht möglich. Wir fühlen uns gezwungen, uns anders zu geben, als wir sind. Wir fühlen uns gezwungen, einer Rolle oder irgendeiner diffusen Erwartung, wie man in solchen Situationen sein sollte, zu entsprechen.

In unserer Gesellschaft gibt es sehr viele Masken und Rollen, die wir glauben erfüllen zu müssen, die uns aber krank machen, weil sie uns vor unlösbare Probleme stellen. Diejenigen, unter denen wir am meisten leiden, lassen sich am besten mit den Begriffen Leistungsfähigkeit und Erfolg, Perfektion, Besser- und Intelligentersein, Schönheit und Attraktivität zusammenfassen. In den Medien, auf Plakaten, in Zeitschriften, Film und Fernsehen, in den Werbespots werden uns häufig entsprechende Idealgestalten vorgeführt, die wir uns als heimliches Vorbild nehmen.

Natürlich – wir alle wollen auch schöne, attraktive, erfolgreiche Menschen in den Filmen sehen und uns von ihnen in eine traumhafte Wirklichkeit entführen lassen. Hässliche, unsympathische SchauspielerInnen oder Versager finden bei uns wenig Interesse. Problematisch wird dies eigentlich erst, wenn wir diese Träume mit der Wirklichkeit verwechseln, wenn wir uns mit diesen Ideal-Figuren und Ideal-Persönlichkeiten vergleichen und uns unter den Druck stellen, so sein zu müssen, wie es uns die Medien suggerieren. Depressive Verstimmungen und nagende Selbstzweifel sind die Folge.

Die moderne Frau, wie sie uns heute in den Frauenzeitschriften und in der Werbung entgegentritt, ist eine junge, erotische, aktive und kreative, sich ihrer selbst bewusste Frau. Sie ist eine gründliche Hausfrau, die Bad, Küche und Wohnung blitzblank sauber hält und zu jeder Festlichkeit und Jahreszeit passend und stimmungsvoll dekoriert. Ihren Kindern ist sie eine liebe- und verständnisvolle Mutter, ihren Töchtern ein Vorbild an Jugendlichkeit, Gesundheit, Fitness, ihrer Familie eine gute Köchin und dazu eine routinierte, charmante Gastgeberin mit Witz und originellen Einfällen.

Bei all dem ist sie auch noch beruflich erfolgreich, ehrgeizig und leistungsorientiert. Sie weiß, was sie will und nimmt sich die Freiheit, die sie braucht. Lediglich bei Autopannen darf sie sich noch eine gewisse Hilflosigkeit und Ungeschicktheit zugestehen und auf den Retter in der Not warten. Im technischen Bereich, insbesondere was den Umgang mit Computern und Handys angeht, hat sie inzwischen mit den früher immer überlegenen Männern längst gleichgezogen.

Nach einem langen Arbeitstag, bei dem sie voller Elan ständig dynamisch in Bewegung war, mit lockigem Haar, perfekter Kleidung und Make-up und einem fröhlichen Lächeln auf den Lippen, ist sie abends noch frisch, um etwas für ihre Fitness und Gesundheit zu tun. Schließlich ist sie nach einem romantischen Rendezvous oder Kerzenlicht-Dinner, wo sie sich überwiegend von Salat, Obst, Gemüse und Joghurt ernährt, ihrem Partner eine leidenschaftliche Geliebte.

Vor allem aber ist sie unglaublich schön und attraktiv. Sie ist schlank und wohlproportioniert, hat strahlende Augen, verführerische Lippen, frische, faltenlose Haut, glänzend-erotisierendes Haar und einen makellosen Busen.

Den Männern ergeht es nicht besser. Auch sie sollten eine Idealgestalt besitzen. Während bei den Frauen Aphrodite, die Göttin der Schönheit, Pate steht, sind es bei ihnen die Helden mythologischer Vorzeit, denen sie entsprechen müssen. Sie sollten groß, breitschultrig, athletisch, wettergebräunt sein, mit markigem, abenteuerlich-verwegenen zugleich aber auch jungenhaften, sanften Gesichtszügen und sie sollten viel Souveränität, Gelassenheit und Humor haben (vergleichsweise wie James Bond). Ihre Kraft und Zielstrebigkeit, ihr Mut, ihre Entschlossenheit und ihr eiserner Wille lassen sie mit den Schwierigkeiten des Alltags mühelos fertig werden.

Auch sie sind sportlich aktiv bis ins hohe Alter, wagen es, todesmutig in tiefe Abgründe zu springen, nehmen es mit haushoher Meeresbrandung auf und gehen im Rausch der Geschwindigkeit und höchster Konzentration immer an die äußersten Grenzen ihrer Leistungsfähigkeit. Von solchen ekstatischen Momenten abgesehen, wo sie voll in der Spannung und Energie des Augenblicks aufgehen und alles geben, sind sie cool, stehen souverän über fast jeder Situation. Sie lieben ihre Freiheit. Manche blühen im Dschungel der Großstadt, im Kampf mit geschäftlichen Rivalen und Börsenkursen, in der Hetze, im Lärm und im Stress erst richtig auf, andere bevorzugen das einfache Leben in der Natur und in freier Wildbahn, wo sie sich dann abends am Lagerfeuer entspannen.

Wenn es einer Frau mit ihren erotischen Reizen gelingt, sie kurzfristig aus ihrer souveränen Distanz in ihre Arme zu locken, dann entpuppen sie sich als animalische, dauerpotente Liebhaber, die nicht Ruhe geben, bis sie ihre Partnerin in einer Nacht mehrfach überwältigend beglückt haben. Was das Kochen, den Haushalt und die Kindererziehung angeht, wird ihnen noch eine gewisse Trotteligkeit, Ungeschicktheit und Hilflosigkeit zugestanden. Sie lassen sich hierin klaglos von ihren besser wissenden Frauen belehren und milde belächeln. Sonst aber sind sie unbändig vital und erfolgreich. Sie haben alles unter Kontrolle und im Griff, was sich insbesondere in ihrem exakt geführten und vor allem vollen Terminkalender und ihrem überall mitgeführten mobilen Telefon und Computer zeigt. So sind sie überall Herr der Lage.

Ganze Wirtschaftszweige leben von dieser Illusion der attraktivten, starken Persönlichkeit, die immer »gut drauf« ist, »locker und cool« bleibt. Sie verstärken diese falschen Vorstellungen, weil sich mit unseren Sehnsüchten und mit unseren Scham- und Schuldgefühlen darüber, dass wir diese Ideale nicht erreichen, sehr viel Geld machen lässt. Denken wir z. B. an die Filmindustrie, die Werbung, die Medien, die Mode-, Kosmetik-, Gesundheits-, Sport- und Fitness-, Abenteuer- und Urlaubs-Industrie.

Aber auch die Medizin und die Psychologie tragen ihren guten Teil zu dieser selbstentfremdenden und selbstzerstörerischen Haltung bei. Natürlich gibt es auch viele berechtigte und gute Gründe für eine chirurgische Korrektur von körperlichen Defiziten, aber viele Menschen sind heute schnell bereit, Eigenheiten, die oft einen durchaus persönlichen Charakter kennzeichnen, zugunsten einer maskenhaften Perfektion »auszubügeln«, Falten, die Reife und Erfahrung ausdrücken könnten, für eine oberflächliche Jugendlichkeit zu glätten.

In zahlreichen Büchern zur Lebenshilfe oder zum Selbstmanagement behaupten psychologische Autoren und Trainer, wir könnten in kürzester Zeit mit Hilfe höchst effektiver, fast magisch anmutender, »Super«-, »Power«- und »Mega«-Methoden zu starken Persönlichkeiten werden, denen sich spielend leicht die Tore zu großen Erfolgen öffnen, insbesondere dann, wenn sie sich auch noch gut mit dem Unbewussten oder gar mit Universum stellen und ihm ihre kleineren und größeren Wünsche anvertrauen.

Die umständlichen, langwierigen und teilweise unangenehmen Wege der Selbsterkenntnis, die vielleicht zu einer grundsätzlichen Revision unseres ganzen Lebensstils führen könnten, werden als unnötige, zeitvergeudende Umwege angesehen. Man brauche sich nur neu zu programmieren. Man brauche sich nur positiv auf das einzustellen, was man erreichen wolle, kraftvolle neue Vorstellungen von sich und seinem zukünftigen Verhalten in seinem Unbewussten zu verankern und diese in entscheidenden Momenten quasi auf »Knopfdruck« zu aktivieren. Dann erfahre man bald eine Transformation seines Selbstgefühls und seiner Persönlichkeit.

So kreativ und nützlich in gewisser Hinsicht solche Methoden auch sein können, so können sie, gerade weil sie sich so verführerisch wunderwirkend anpreisen, die Krankheit unserer Gesellschaft, die Fassadenhaftigkeit und Selbst-Entfremdung weiter vertiefen. Anstatt dem Menschen zu helfen, sich von seinem Zwang zur Vollkommenheit, zur dauernden Selbstkontrolle, zur Leistung und zum Erfolg, von dem permanenten Stress des Ungenügens und Versagens zu befreien, indem sie solche Zeitspar- Power- und Veränderungs-Normen grundsätzlich hinterfragen, nähren sie diese zerstörerischen Haltungen, indem sie ihm versprechen, er könne seine Effizienz sogar noch steigern, seine Kapazitäten noch mehr erweitern, sein latentes Potenzial noch mehr ausschöpfen, ohne größere Schwierigkeiten fast alles erreichen, was er sich wünsche, wenn er es nur wirklich wolle und die richtigen Methoden anwende.

Das gleicht dem paradoxen Vorgehen, das viele Menschen gegen Stress einsetzen. Naheliegende und natürliche Methoden wären beispielsweise: Raum für Ruhe, Entspannung und Muße schaffen, Termine und Verpflichtungen reduzieren, das Lebens-Tempo verlangsamen, andere Prioriäten setzen. Stattdessen aber werden Entspannungsverfahren »trainiert«, mit deren Hilfe gelernt werden soll, für kurze Zeit die Muskeln zu entspannen, »in Sekundenbruchteilen« »umzuschalten«, um daran anschließend noch mehr leisten zu können.

Dem Körper und dem Unbewussten wird nicht in ihrer schöpferischen Fähigkeit zur Selbstregulation vertraut, man überlässt sich nicht ihren natürlichen Rhythmen und Bedürfnissen, sondern sie sollen benutzt werden, um die kaum hinterfragte Leistungs- und Erfolgsideologie zu unterstützen. So werden mit psychologischen Methoden die selbstzerstörerischen »Alles-ist-Machbar«-Fantasien unserer Gesellschaft in den Menschen weiter hineinimplantiert.

Wie destruktiv sich solche Kontroll- und Leistungsnormen auf die Seele auswirken, zeigt folgender Traum einer 28-jährigen Frau.

»Ich bin in einem Konzentrationslager gefangen, die Umgebung ist dunkel, abgestorben, kalt. Es herrscht eine tödlich-bedrohliche Atmosphäre von Gewalt, Demütigung, Missachtung, Grausamkeit. Ich möchte dieser unerträglichen Situation entfliehen, aber überall sind hohe Stacheldrahtzäune, und ich werde auf Schritt und Tritt von KZ-Wächtern beobachtet. Eine kleine Unbedachtsamkeit, und ich muss befürchten, geschlagen, getreten und getötet zu werden. Mit dem Gefühl absoluter Aussichtslosigkeit wache ich auf.«

Die Frau litt an einer bulimischen Erkrankung, sie schwankte zwischen einem starken Bedürfnis, lustvoll und ungehemmt draufloszuessen und ihr Körpergewicht rigoros zu kontrollieren und weit unter ihrem »Idealgewicht« zu halten. Ein Großteil ihrer psychischen Energie war dadurch gefangen (das Gefängnis im Traum), ihre Essfantasien zurückzudrängen und die Kalorien auszurechnen, die sie zu sich nahm. Ein unerbittliches Über- und Ideal-Ich, symbolisiert durch die KZ-Wächter, forderte von ihr, eine perfekte Idealfigur zu haben. Ihre Lebenshaltung war geprägt von der Maxime: »Was ich will, kann ich auch erreichen.« Immer wieder musste sie erfahren, dass sie diesen Ansprüchen nicht gerecht wurde. Aber anstatt ihre Ansprüche zu hinterfragen, machte sie sich selbst Vorwürfe. Sie hielt sich für schwach, dumm, unfähig, haltlos, faul. Sie quälte sich mit folternden Selbst-Anklagen und selbstschädigenden Verhaltensweisen. Ihre Gesundheit litt unter ständigem Ab- und Zunehmen. Ihr Leben erschien ihr aussichtslos (die abgestorbene, dunkle Atmosphäre). Sie fühlte sich hilflos gefangen und als Versagerin.

Wenn wir uns mit unerreichbaren Idealforderungen und unrealistischen Ansprüchen wie Attraktivität, Jugendlichkeit, Schlankheit, Fitness, Perfektion und Kontrolle identifizieren, kann das überaus destruktive Auswirkungen auf uns haben. Da diese Ideal-Vorstellungen nicht realisierbar sind, wir aber unter dem Druck stehen, sie zu verwirklichen, geraten wir in einen unauflöslichen Kreislauf von Selbstabwertung und verzweifelter Kompensation des mangelnden Selbstwertgefühls.

Wir verlieren den Zugang zu unserer persönlichen Individualität und Einzigartigkeit, die jenseits aller stereotypen Muster ist. Wir verlieren den Zugang zu unseren eigenen Gefühlen und Empfindungen und orientieren uns stattdessen an abstrahierten Durchschnitts- oder Idealnormen. Nicht ob wir uns wirklich gut und stimmig fühlen ist das Entscheidende, sondern ob uns die Waage das richtige Gewicht anzeigt, das Zentimeterband das richtige Maß, die Anzahl der Termine meinen Erfolg und die Menge des Geldes meine Potenz.

Indem wir uns nach äußeren Maßstäben orientieren, die mit uns so gut wie nichts zu tun haben, zerstören wir unser eigenes organisches Empfinden dafür, was gut für uns ist. Auch zerstören wir dabei die gute Beziehung zu unserem Körper und seinen Regulationsmechanismen. Viele Männer sehen in ihrem Körper keinen sensiblen Organismus, der zutiefst geschätzt, gewürdigt und entsprechend gepflegt werden sollte, sondern eine Maschine, die auf Höchstleistung getrimmt und bis aufs Letzte ausgebeutet werden muss. Körper und Seele sind keine wunderbar aufeinander abgestimmte Einheit, sondern der Körper ist von Gefühlen und seelischen Vorgängen abgeschnitten. Er ist ein Sklave, ein Tier, das man kommandieren und antreiben kann und das sich dem Streben nach Leistung und Erfolg gnadenlos unterzuordnen hat. Und wenn er nicht kann und will, wie er soll, wird ihm der Krieg erklärt.

Die meisten Frauen lehnen heute ihren Körper ab, finden ihn abstoßend, hassen ihn gar. Sie nehmen ihn nur noch verzerrt wahr. Egal wie er ist, er ist falsch, er ist nicht wohlproportioniert genug, zu fett, zu faltig, zu untrainiert. Sie können ihn nicht lieben und achten und gut für ihn sorgen. Er ist ihnen eher eine Last, ein ständiges Objekt der Scham, des Versagens und des Ungenügens. Immer wieder neu versuchen sie ihn durch Diäten und Gymnastik auf das Idealmaß zu bekommen und versagen doch immer wieder. Der Blick in den Spiegel erzeugt daher bei den meisten Menschen keineswegs Gefühle freudigen Erkennens, sondern Irritation, Selbstkritik und Abwertung.

Sozialpsychologen haben in Experimenten herausgefunden, dass man das Selbstwertgefühl und die Leistungsfähigkeit einer Versuchsperson auf einfache und zuverlässige Weise herabmindern kann, indem man sie so hinsetzt, dass sie ständig ihr Spiegelbild vor Augen hat. Der eigene Anblick scheint so irritierend zu sein, und eine solch kritische Selbstbeobachtung und Selbstkontrolle zu erzeugen, dass wir unangenehm berührt und verunsichert sind.[4]

Das Bedürfnis, unseren Körper nach Idealvorstellungen zu formen, hat in der Menschheitsgeschichte häufig sehr skurrile Formen angenommen. Meist neigen wir dazu, die Gewohnheiten anderer Kulturen als abartiger anzusehen als unsere eigenen. Die künstlich lang gestreckten Hälse burmesischer Frauen, Kopfdeformationen, Nasen-, Ohren- und Lippenringe, spitz gefeilte Zähne, Schmucknarben, Körperbemalungen und Tätowierungen, trippelnder Gang durch verkrüppelte Füße mögen uns masochistisch vorkommen, ohne dass uns vielleicht bewusst wird, wie andere Kulturen oder spätere Zeiten silikongefüllte Brüste und Lippen, geliftete Gesichtszüge, lebensgefährliche Stöckelschuhe, falsche Wimpern und Fingernägel, Büstenhalter und Korsette, abgesaugte Fettpolster, abgemagerte Frauenkörper, durch Stereoide aufgeschwemmte und durch Dopingmittel vergiftete Muskelpanzer empfinden werden.

Verständlich, dass durch eine solche ausbeuterische Haltung unserem Körper gegenüber Krankheiten, wie auch tiefe Identitätskonflikte hervorgerufen werden. Der Körper ist die natürliche Basis unserer Existenz. Wir sind unser Körper. Wenn wir ihn zu einer bloßen Maschine degradieren oder zu einem Objekt unserer narzisstischen Selbstdarstellung machen, missbrauchen und zerstören wir eine der geheimnisvollsten und wundervollsten Schöpfungen, die das Universum hervorgebracht und uns zum Geschenk gemacht hat.

Wir sehen also, wie viele Facetten das Phänomen Persona hat. Einerseits kann sie Ausdruck eines guten Selbst-Bezugs und Selbst-Vertrauens im besten und umfassenden Sinne sein, andererseits kann sie uns geradezu tödlich einengen und unsere Persönlichkeit zur Unkenntlichkeit verkümmern lassen.

Wenn wir dies nun auf die Situation des Kaisers übertragen, dann scheint ziemlich deutlich zu sein, dass der Kaiser mit seiner Kleidersucht und seiner äußeren Prachtentfaltung eine innere Leere, Unsicherheit und Sinnlosigkeit, einen leidvollen Mangelzustand verbergen will. Wie bereits erwähnt wurde, liegt aber bei vielen psychischen Störungen und Symptomen Hemmendes und Förderliches, Krankhaftes und Heilendes sehr nahe beieinander. Solche suchthaften Besessenheiten und Fixierungen, wie der Kaiser sie zeigt, können uns deshalb auch darauf hinweisen, dass es etwas Unerlöstes in uns gibt, einen starken, heimlichen Wunsch, eine tiefe Sehnsucht, die wir auf diese Sache oder auf diesen Zustand projizieren. Es ist, als würden wir von unserem Selbst gezwungen, uns so lange mit der Sache zu beschäftigen, bis wir verstanden und erfüllt haben, was sich darin verwirklichen will.

Der Kaiser scheint vieles von dem, was er nicht zu leben vermag, aber eigentlich sucht, auf die Vielfalt, Pracht und Schönheit seiner Kleider zu projizieren. Er projiziert auf sie offenbar seine fehlende »Weiblichkeit«, seinen Eros, seine Kreativität und Lebendigkeit, seine Naturverbundenheit, seine Körperlichkeit, sein Bedürfnis nach Schönheit, Kunst und Kultur, nach Bezogenheit, Liebe und Gefühle und auch die Erfahrung seiner Ganzheit im Selbst.

Seine Heilung kann nur darin bestehen, dass er diese Projektion zurücknimmt, dass er das, was er in der Kleidung an Faszinierendem erlebt, in sich selbst entdeckt. Die Rücknahme der Projektion würde von ihm aber auch verlangen, sich mit seinen hinter der Persona versteckten Schattenseiten auseinanderzusetzen. Die Bekanntschaft mit unserem wahren Selbst beginnt nämlich in der Regel mit dem, was uns am widerwärtigsten ist, mit dem, was wir nicht sein wollen, aber auch sind. Der Schatten steht in gewisser Hinsicht zwischen dem Ich und der Erfahrung der Ganzheit des Selbst. Deshalb treten als nächstes solche dunklen Seiten in Gestalt der Betrüger in das Leben des Kaisers. Und deshalb muss er auch einen sehr leidvollen und peinlichen Weg gehen, bis er die Möglichkeit hat, seine eigene nackte Wahrheit und Wirklichkeit, hinter der sich seine Fülle und Kreativität verbirgt, zu erkennen.

Der Kaiser überzeugt sich von der wundersamen Qualität der auserlesenen Stoffe. Nach einer Illustration von Margaret Tarrant (1888-1959)

Wahrhaftige Betrüger

In der großen Stadt, in der er wohnte, ging es sehr munter zu. Jeden Tag kamen viele Fremde, eines Tages kamen auch zwei Betrüger.

Sie gaben sich für Weber aus und sagten, dass sie das schönste Zeug, das man sich denken könne, zu weben verstünden. Nicht allein Farben und Muster wären ungewöhnlich schön, sondern die Kleider, die von dem Zeuge genäht würden, besäßen auch die wunderbare Eigenschaft, dass sie für jeden Menschen unsichtbar wären, der nicht für sein Amt tauge oder unverzeihlich dumm sei.

»Das wären ja prächtige Kleider«, dachte der Kaiser. »Wenn ich die anhätte, könnte ich ja dahinter kommen, welche Männer in meinem Reiche zu dem Amte, das sie haben, nicht taugen; ich könnte die Klugen von den Dummen unterscheiden!«

Und er gab den beiden Betrügern viel Handgeld, damit sie ihre Arbeit beginnen möchten. Sie stellten auch zwei Webstühle auf und taten, als ob sie arbeiteten; aber sie hatten nicht das geringste auf dem Stuhle. Frischweg verlangten sie die feinste Seide und das prächtigste Gold, das steckten sie in ihre eigene Tasche und arbeiteten an den leeren Stühlen bis spät in die Nacht hinein.

Fremde Menschen, die aus dem Unbekannten plötzlich auftauchen und in unseren abgesicherten Lebensbereich, unser »Territorium« eindringen, werden von uns meist zuerst einmal als potenzielle Feinde angesehen. Dies umso mehr, je fremdartiger sie aussehen und je fremdartiger ihr Verhalten ist. Ihre Fremdartigkeit wird zu einer geeigneten Projektionsfläche aller unserer unbewussten Ängste und Schattenseiten. Von daher können sie als eine existenzielle Bedrohung erlebt werden: Im extremen Fall fürchten wir um unser Leben und unsere geistige und physische Freiheit, unsere Sicherheit, unseren Lebensraum und unseren Lebensstil. Wir befürchten betrügerische, räuberische, gewalttätige und sexuelle Übergriffe.

Es handelt sich hier offenbar um ein archaisches Erlebens- und Verhaltensmuster. Evolutionär und biologisch gesehen, ist eine solche Fremdenangst sinnvoll und verständlich. Das Eindringen eines fremden Tieres oder eines fremden Menschen in den eigenen Lebensraum brachte (und bringt auch eigentlich heute noch) in der überwiegenden Mehrheit der Fälle die Möglichkeit von Konflikten mit sich, weshalb es bei vielen Naturvölkern aufwendige Rituale und Vorschriften gibt, die dazu helfen sollen, die Angst vor der Begegnung mit Fremden zu entschärfen und sich abzusichern, dass keine wirkliche Gefahr droht.

Auch der heutige Mensch ist von dieser Fremdenangst noch tief beeinflusst, trotz aller besseren Einsicht und trotz aller christlichen Gebote der Feindes- und Nächstenliebe. In den Hetzkampagnen gegen Ausländer, Flüchtlinge und Asylanten findet sich alles an archaischen Ängsten und elementaren Schatten-Projektionen wieder, was in der menschlichen Seele seit Urzeiten geschlummert hat. Im Grunde aber sind die Fremden das Fremde in uns selbst.

Das von außen wie von innen kommende Fremde und Unbekannte ist aber nicht immer nur das Gefährliche und Feindliche, sondern häufig auch das Heil bringende, das Erneuernde. Wenn ein Lebenssystem oder eine Persönlichkeitsstruktur festgeworden und erstarrt ist, dann ist Veränderung und Wandlung meist nur möglich, wenn es etwas gibt, das die eng gewordenen Sicherheitsgrenzen zu durchbrechen vermag. So gehört es zu den zentralen Erfahrungen der Menschheit auch, dass das ängstlich gemiedene Neue und Fremde zu einer Lebens- und Bewusstseinserweiterung führen kann, wenn man es wagt, sich darauf einzulassen. Deshalb ist das Motiv der Reise und Wanderschaft seit Urzeiten verbunden mit der

Sehnsucht, ein neues, besseres, befriedigenderes Leben zu finden. In der Begegnung mit fernen Kulturen und neuen Welten erhofft man sich, jene Freiheit und Weisheit, jene Lebensfülle zu finden, die man in der Enge der vertrauten Lebensformen vermisst.

Die Fremde und das Fremde werden von uns also ambivalent erlebt: als bedrohlich oder hoffnungsvoll, als feindlich oder freundlich, als lebenseinengend oder als lebenserweiternd, als teuflisch oder göttlich.

Menschen, die in der Fremde unterwegs waren – dazu gehörten Wanderer, Reisende, fahrendes Volk, Taschenspieler, Gaukler, Kaufleute und Händler, Boten und Diplomaten, aber auch Abenteurer, Landstreicher, Einbrecher, Diebe und Betrüger – standen in der griechischen Mythologie unter dem besonderen Begleitschutz des Götterboten Hermes-Mercurius.

Hermes-Mercurius ist der Herr der Wege und Kreuzungen, der Vermittler, der Grenzenüberschreiter. Als Götterbote bewegt er sich mit seinen Flügelschuhen rasch und gewandt durch die verschiedensten Ebenen des Seins: Von der göttlichen Überwelt zur Menschenwelt und zur Unterwelt. Er besitzt eine sehr wache Intelligenz, Spontanität, Witz, ist listig und trickreich. Mithilfe seiner hohen Beredsamkeit, geistigen Beweglichkeit und seines diplomatischen Geschicks, mit Hilfe von List, Überredung und Täuschung bringt er die Leute dahin, zu glauben, was er ihnen glauben macht. Deshalb unterstehen seinem Schutz auch Diebe und Betrüger, Gaukler, Taschenspieler und Täuschungskünstler, Propagandisten und Werbeleute. Er deutet die Fakten so, wie er es braucht – Hermeneutik ist ja die nach ihm benannte Kunst der Deutung und Auslegung. Er ist nicht wirklich festzulegen und lässt sich immer noch ein Hintertürchen offen, aus dem er dann schnell entweicht, wenn man ihn einfangen will.

Dieser tricksterhafte Hermes ist der Geist der Unordnung, ein Feind von Begrenzungen und von festen Ordnungen. Er taucht überall dort auf, wo es um Auflösung alter, fester Strukturen und um Veränderung geht. Seine Hauptcharakteristika sind seine Grenzen überschreitende und gegensatzverbindende Beweglichkeit und seine paradoxe Natur. Er liebt die Dunkelheit der Nacht, das Zwielichtige, Nebelhafte und Ungewisse, zeigt sich ständig an anderem Ort und in anderer Gestalt.

C. G. Jung hat im Symbolbild des Hermes Mercurius sehr schillernde, paradoxe und kreative Seiten unserer unbewussten Seele gesehen, die von uns wegen ihres ambivalenten Charakters meist in den Schatten abgedrängt werden. Während unser Alltagsbewusstsein durch Eindeutigkeit, Ordnung, Klarheit, Logik bestimmt ist, ist unser Unbewusstes viel komplexer und widersprüchlicher. Es vereint in sich Gegensatzpaare, die unserem Bewusstsein unvereinbar und unannehmbar erscheinen, so z. B. Wahrheit und Täuschung, Weisheit und Dummheit, Freude und Leid, Weibliches und Männliches, Heiliges und Profanes, Göttliches und Teuflisches, Körperliches und Geistiges. Damit enthält es viel Kreativität, Fülle und Wandlungspotenzial, aber auch viel Chaotisches, Verwirrendes und Desorientierendes, wenn wir nicht wissen, wie wir mit ihm gut umgehen können.

Die beiden Betrüger, die eines Tages in die Stadt kommen und dem Kaiser ihre Dienste anbieten, haben sehr viel von dieser Doppeldeutigkeit, diesem Paradoxen des Hermes-Mercurius an sich. Auf den ersten Blick erscheinen sie negativ, eben als unsympathische Betrüger, die mit ihren dreisten Tricks und Täuschungen die Neurose des Kaisers ausnutzen, um sich auf bequeme Weise an seinem Gold zu bereichern. Man könnte sie als Repräsentanten seines Schattens auffassen, der ihm nun, da er ihn verdrängt hat, von außen entgegentritt. Dann verkörpern sie seine eigenen betrügerischen Seiten, die Seiten, durch die der Kaiser, ohne sich darüber bewusst zu sein, sich selbst und seinen Untertanen etwas vormacht, durch die er sie ausbeutet, durch die er ihnen ihr Geld aus der Tasche zieht und nichts dafür zurückgibt, durch die er sich über seine charakterlichen Mängel und seine fehlende Kompetenz hinwegtäuscht.

In der tricksterhaften Doppeldeutigkeit des Hermes-Mercurius ist aber auch ein starkes Heilungspotenzial verborgen. Hermes-Mercurius ist ja nicht nur der Illusionist und Zauberer unter den griechischen Göttern, sondern auch der Diplomat und Vermittler, der unvereinbare Gegensätze miteinander zu versöhnen weiß und der sich dazu häufig solchen Mitteln wie List und Täuschung bedient. Indem er auf diese Weise »krumme Schleichwege« zu gehen vermag, ist er in der Lage, Probleme zu lösen, die für ein geradliniges, festgefahrenes Denken nicht mehr zu lösen sind. Hermes-Mercurius wird deshalb auch als »Psychopompos«, als Seelenführer, angesehen, der sich in der verwirrenden Widersprüchlichkeit der unbewussten Regionen der Psyche bestens auskennt, in sie hinein-, hindurch- und hinauszuführen vermag. Er besitzt auch einen Zauberstab, den »caduceus«, um den sich zwei Schlangen winden und u. a. symbolisieren, dass sich die Lebensenergie immer in der Spannung zwischen widerstreitenden Polen entfaltet und fortentwickelt.

Eine ähnliche seelenführende, psychotherapeutische Funktion könnten die Betrüger für den in seiner Kleidersucht fixierten Kaiser haben. Betrachten wir nämlich ihre Handlungen im Hinblick auf einen notwendigen Heilungs- und Reifungsschritt des Kaisers, so sehen wir, dass gerade ihr Täuschungsmanöver es unserem Kaiser ermöglichen könnte, seine illusionäre Verstrickung mit seinen Kleidern – die Identifizierung mit einer unpersönlichen Persona, die zur reinen Maske geworden ist – zu überwinden und seinen Blick auf wirklich Wesentliches zu lenken.

Ihr Betrug stellt eine sehr direkte und effektive Art dar, den Kaiser von seinen Selbsttäuschungen und seiner Selbstentfremdung zu befreien. Wenn der Kaiser bereit wäre, die Wahrheit wirklich zu sehen, die seine inneren betrügerischen Schattenbrüder ihm spiegeln, dann könnten sie ihm wahre Lehrmeister sein. Er könnte nämlich entdecken, dass er mit seiner Kleidersucht einer Illusion aufsitzt, dass er das, was er eigentlich sucht, dort gar nicht finden kann, dass er alle seine Energie für etwas einsetzt, was gar nicht vorhanden ist. Er könnte entdecken, dass er sich stattdessen mit seiner »nackten Wahrheit«, mit seinem Schatten, seinen dummen und unfähigen Seiten, die er projektiv bei seinen Beamten vermutet, konfrontieren muss, um zu seinem Wesen und zu seinem Lebensglück zu finden.

So gesehen kann man das, was die Betrüger tun, als eine geradezu geniale psychodramatische Inszenierung, eine kabarettistische, sehr pointierte Darstellung der inneren Situation des Kaisers wie auch seiner Beamten und seines Volkes ansehen. Und es ist eine glänzende therapeutische Intervention. Indem sie mit großem Fleiß »nichts«, »unsichtbare Kleider«, weben, täuschen sie. Andererseits heben sie aber gerade damit das ganze Täuschungsgebilde auf. Hätten sie richtige Kleider gewebt, die vielleicht tatsächlich unerreichbar schön und kostbar gewesen wären, hätten sie zwar etwas Reales, konkret Greifbares getan, gleichzeitig aber das Netz der Selbsttäuschung des Kaisers aufrechterhalten, sogar verstärkt.

Indem die Betrüger den Kaiser betrügen, geben sie ihm die Chance, aus seinem Selbstbetrug erlöst zu werden. In gewissem Sinne hätten sie dann sogar ihr Versprechen eingehalten: Sie schenken ihm letztlich die kostbarste, prächtigste und wunderbarste Kleidung, die wir besitzen: unsere nackte Haut, unsere eigentliche Identität, unser wahres Selbst.

Mit dieser Vorgehensweise: täuschen, verzerren, karikieren, inszenieren, um die Wahrheit zu ent-decken, haben die Betrüger einiges mit den weisen Narren der Geschichte, mit Till Eulenspiegel und Mullah Nasrudin, ja sogar mit den legendenumwobenen Zen-Meistern gemein, die mit ihren Schülern anscheinend sehr grob und schockierend umgingen, indem sie sie plötzlich in schwierige Situationen brachten, unvermittelt anschrieen, schüttelten oder schlugen, um sie aus dem Albtraum ihrer Selbsttäuschungen zum Erwachen zu bringen.

Es mag dem einen oder anderen Leser problematisch erscheinen, die beiden Betrüger auch unter positivem Aspekt zu sehen, ja, sie sogar zu Lehrmeistern auf dem Weg der Selbsterfahrung zu machen.

List, Betrug, Täuschung und Illusion scheinen uns grundsätzlich verwerflich zu sein, wir streben nach der Wahrheit, »nichts als der reinen Wahrheit«. Aber dies ist bereits eine der großen Selbsttäuschungen. Unser Leben ist in weitaus größerem Maße, als wir glauben, von Täuschungen und Selbsttäuschungen, von Verstellungen, von Tarnungen und Lügen, von Betrug und Irrtum »durchsetzt«. Und viele Illusionen sind für uns erst einmal notwendig, bevor wir sie überwinden können.

Da ein Großteil des Märchens von des Kaisers neuen Kleidern uns mit dieser Tatsache konfrontiert, wollen wir uns diesem spannenden, menschlich-allzumenschlichen, schattenhaften Thema jetzt auch etwas ausgiebiger widmen.

Der gute alte Minister sieht, dass er nichts sieht.
Illustration von Edmund Dulac (1882-1953)

Schein oder Nicht-Schein: Das ist hier die Frage

»Ich will meinen alten ehrlichen Minister zu den Webern senden!« dachte der Kaiser. »Er kann am besten sehen, wie das Zeug sich ausnimmt, denn er hat Verstand, und keiner versieht sein Amt besser als er!«

Nun ging der gute alte Minister in den Saal hinein, wo die zwei Betrüger saßen und an den leeren Webstühlen arbeiteten. »Gott behüte uns!« dachte der alte Minister und riss die Augen auf: »Ich kann ja nichts erblicken!« Aber das sagte er nicht.

Beide Betrüger baten ihn, gefälligst näher zu treten, und fragten, ob es nicht ein hübsches Muster und schöne Farben seien. Dabei zeigten sie auf den leeren Webstuhl, und der arme alte Minister fuhr fort, die Augen aufzureißen; aber er konnte nichts sehen, denn es war nichts da.

»Herrgott!« dachte er, »sollte ich dumm sein? Das habe ich nie geglaubt, und das darf kein Mensch wissen! Sollte ich nicht zu meinem Amte taugen? Nein, es geht nicht an, dass ich erzähle, ich könnte das Zeug nicht sehen!«

»Nun, Sie sagen nichts dazu?« fragte der eine, der da webte.
»Oh, es ist hübsch! Ganz allerliebst!« antwortete der alte Minister und sah durch seine Brille. »Dieses alte Muster und diese Farben! Ja, ich werde dem Kaiser sagen, dass es mir sehr gefällt.«

Wahrscheinlich sind wir über diese ganze Inszenierung der Betrüger, über dieses ganze absurde Theater, das uns so ausführlich im Märchen vor Augen geführt wird, ziemlich betroffen. Wir können kaum lachen, möglicherweise, weil wir uns in unserem Verhalten und in unseren Ängsten zutiefst gesehen fühlen. Ist nicht, wenn wir genau hinschauen und ganz ehrlich sind, unser Dasein innigst mit diesen heimlichen Verstellungen und Vortäuschungen, mit dieser Angst verbunden, wir könnten von anderen Menschen entlarvt werden, die anderen Menschen könnten entdecken, dass wir gar nicht die sind, als die wir erscheinen? Ist nicht unser Umgang mit anderen Menschen geprägt von dieser Unsicherheit? Spielen wir alle miteinander nicht ganz viel Theater, aber tun wir nicht so, als täten wir es nicht? Und leben wir nicht in ständiger Furcht, dass unser Theaterspielen eines Tages entdeckt werden könnte?

Unsere heimlichen Scham- und Schuldgefühle angesichts unserer dauernden Lügen und Maskeraden sind aber nur teilweise berechtigt, denn es gibt kein Leben ohne Lüge, keine Wahrheit ohne Täuschung. Religiöse Führer, Moralisten, Philosophen und Gesellschaftskritiker haben uns zwar die Wahrheitsfindung als höchstes Ziel und die Wahrhaftigkeit als höchste Tugend dargestellt, dabei aber unterschlagen, wie unendlich schwer, ja unmöglich es für uns manchmal ist, »Wahrheit« von »Täuschung« zu unterscheiden. Zum einen können wir die »Wirklichkeit«, so wie sie »wirklich« ist, gar nicht unmittelbar und objektiv erfassen und zum anderen können wir in unseren sozialen Beziehungen aus den verschiedensten Gründen gar nicht immer wahrhaftig sein. Ja, wir müssen sogar auf vielerlei Täuschungsmanöver und »positive Illusionen« zurückgreifen, um überhaupt leben und überleben zu können.

So scheinen wir mit einer bloßen moralischen Anprangerung von Täuschung, Lug und Betrug nicht recht weiterzukommen. Wir benötigen ein umfassenderes Verstehen dieser Phänomene, und wir brauchen Orte, wo wir die Seiten von uns, die wir durch unsere

Lügen und Täuschungen zu verbergen suchen, auch anschauen, benennen und zumindest partiell leben lassen können.

Täuschungen haben den evolutionären Prozess der Lebewesen, der Pflanzen, Tiere und Menschen schon immer begleitet. Tiere beispielsweise können sich tarnend an ihre Umwelt anpassen, – denken wir nur an die sprichwörtliche Verwandlungsfähigkeit des Chamäleons –, sie können sich zur Abwehr von Feinden oder zur Verführung von Geschlechtspartnern größer, stärker, potenter, attraktiver, aber auch, wenn es sein muss, unscheinbarer darstellen, als sie sind.

Friedrich Nietzsche schreibt; »Im Menschen kommt diese Verstellungskunst auf ihren Gipfel: hier ist die Täuschung, das Schmeicheln, Lügen und Trügen, das Hinter-dem-Rücken-Reden, das Repräsentieren, das im erborgten Glanze leben, das Maskiertsein, die verhüllende Konvention, das Bühnenspiel vor anderen und vor sich selbst, kurz das fortwährende Herumflattern um die eine Flamme Eitelkeit so sehr die Regel und das Gesetz, dass fast nichts unbegreiflicher ist, als wie unter den Menschen ein ehrlicher und reiner Trieb zur Wahrheit aufkommen konnte.«[5]

Und wenn Nietzsche an anderer Stelle sagt, das Leben sei nun einmal nicht von der Moral ausgedacht, es wolle Täuschung, es lebe von der Täuschung[6], dann scheint ihm bewusst gewesen zu sein, dass Täuschung eine »conditio sine qua non«, eine notwendige Bedingung unserer menschlichen Existenz ist.

Es gibt keine Bewusstseinsentwicklung ohne Täuschung. Die Differenzierung unseres Bewusstseins und unsere Orientierung in der Welt ist nur dadurch möglich, dass unsere Sinnesorgane und unser Gehirn aus der immensen Zahl äußerer und innerer Impulse und Reize jene herausfiltert, die eine unmittelbare Bedeutung für uns, unsere Selbst- und Arterhaltung und die Befriedigung unserer Bedürfnisse haben.

Damit erfahren wir aber immer nur einen sehr kleinen Ausschnitt dessen, was jeweils erfahrbar wäre; wir sind niemals im Besitz aller

Informationen über eine gegebene Situation, die letzte, wirkliche »Wahrheit« kennen wir nie.

Tiere beispielsweise erfahren die Welt aufgrund ihrer anderen Sinnesorgane und der an ihr Leben angepassten gehirnlichen Verarbeitung mit großer Wahrscheinlichkeit ziemlich anders als wir. Auch jeder Mensch lebt größtenteils in seiner eigenen Welt. Wir merken in der Regel von diesen Verschiedenheiten wenig, weil wir die gleichen Begriffe verwenden und einfach voraussetzen, dass der andere Mensch unter diesen Begriffen etwa das Gleiche versteht. Wenn es aber möglich wäre, irgendwie sichtbar oder erfahrbar zu machen, was beispielsweise in zwei Menschen vor sich geht, die morgens zusammen am Frühstückstisch sitzen, würden wir vermutlich ziemlich erschrecken. Wir müssten entdecken, dass sich beide Menschen, trotz der gemeinsamen äußeren Situation, in sehr unterschiedlichen Wahrnehmungs-, Gefühls- und Gedankenwelten bewegen.

Wir kennen also keine objektiven, sondern nur »konstruierte« Wirklichkeiten, die unserem Organismus helfen, sich in der Welt zurechtzufinden, seine Bedürfnisse zu befriedigen und gut zu überleben. Von daher könnte man sagen, dass unsere Sinnesorgane und unser Gehirn an sich bereits Täuschungswerkzeuge sind.

Aber das wäre eine sehr einseitige Sichtweise. Zwar täuschen uns unsere Sinne und unser Gehirn über die Komplexität und Fülle des Daseins hinweg, aber diese »Täuschung« macht – paradoxerweise – unsere Orientierung in der Welt, unser Bewusstsein und unsere »Wirklichkeitserfahrung« überhaupt erst möglich. Ohne dieses ständige Selektieren und Filtern würden wir von den millionenfachen Reizen, die ständig auf uns einwirken, überflutet werden, wir wären überhaupt nicht lebensfähig, wir würden in einer Welt des Chaos und des Wahnsinns leben.

Die bereits von den Sinnesorganen und vom Gehirn vorgenommene Selektion und Reduktion der für uns bedeutungsvollen Reize wird darüber hinaus durch weitere psychische Einflussgrößen verändert. Wie wir die Welt und uns selbst erleben, welche Bedeutung und welchen Stellenwert wir den Vorgängen geben, die uns unsere Sinne vermitteln, wird weitgehend von sozialen Lernprozessen, von den Regeln und Vorstellungen der Gesellschaft und Kultur, in der wir aufwachsen, vom Einfluss unserer Umwelt, von unseren Stimmungen und Gefühlen, von unseren Einstellungen und Erwartungen, von unseren Persönlichkeitseigenschaften und unseren Bedürfnissen bestimmt.

Natürlich spielen auch unsere negativen Erfahrungen eine große Rolle. Selbst bei besten Voraussetzungen in Erziehung, Anlage und Umwelt kann es kaum ausbleiben, dass unser Ich und unser Selbstwertgefühl verwundet werden, dass wir Erfahrungen machen, die unsere Existenz bedrohen und vor denen wir uns in der Zukunft schützen möchten. Der Verlust von geliebten Menschen oder von deren liebevoller Zuwendung, Krankheiten, Schmerzen, Unfälle, Verbote, Strafen, Schwächen, Demütigungen, Gewalt und Missbrauch führen dazu, dass wir bestimmte Lebensbereiche aus unserem Erleben ausklammern, bestimmte Gedanken, Gefühle und Vorstellungen abwehren, weil wir sie mit Schmerz, Scham, Schuld und Angst verbinden. Wir werden Situationen vermeiden, in denen die Gefahr besteht, dass sich unsere alten Verwundungen und Verletzungen wiederholen könnten. Wir bauen bestimmte Persona-Haltungen auf, hinter denen wir uns schützen und verbergen können.

Wenn man die Komplexität der menschlichen Psyche sieht und wie mühsam sich unser Welt- und Selbsterleben aufbaut, dann wundert es nicht, wie hartnäckig wir unsere Meinungen, Werte und Vorstellungen und unser Selbstwertgefühl verteidigen. Darin erweisen wir uns als wahre Zauberkünstler. Dinge, die nicht in unser so mühsam erworbenes Vorstellungssystem hineinpassen, werden auf die verschiedensten Weisen kreativ verwandelt oder zum Verschwinden gebracht. Wir können das in den wichtigen Fragen des Lebens ebenso beobachten wie bei nebensächlichen Kleinigkeiten.

Unsere alltäglichen Zauberkunststücke

Der Dichter Eugen Roth hat in vielen seiner Texte unsere alltägliche, allzu menschliche Zauberkunst humorvoll dargestellt:

Ein Mensch, der sich ein Schnitzel briet,
Bemerkte, dass ihm das missriet.
Jedoch, da er es selbst gebraten,
Tut er, als wär es ihm geraten,
Und, um sich nicht zu strafen Lügen,
Isst ers mit herzlichem Vergnügen.[7]

Ein weiteres exzellentes Beispiel für unsere alltägliche Zauberkunst demonstriert uns auch der gute, alte, ehrliche Minister, der des Kaisers neue Kleider als Erster inspizieren soll. Verzweifelt reißt er seine Augen auf, weil er einfach nichts sehen kann und vor lauter Angst, als dumm und amtsuntauglich entlarvt zu werden, entscheidet er sich, so zu tun, als ob er etwas sehe. Und um diesen Eindruck noch zu verstärken, schaut er demonstrativ durch seine Brille, als wolle er die alten Muster und die wunderschönen Farben ganz besonders würdigen.

Eigentlich ist die Brille ein Hilfsmittel, um klarer, schärfer und deutlicher wahrzunehmen. Andererseits kann sie aber auch dazu beitragen, unsere Sichtweise zu verzerren, uns die Dinge in anderem Licht – z. B. rosarot – erscheinen zu lassen. Unser Minister benutzt seine Brille auch in diesem doppelten Sinne: Er gibt vor, noch genauer hinzusehen und betrügt damit sich selbst und den Kaiser.

Eine Vielzahl von psychologischen Experimenten hat unsere raffinierten, taschenspielerischen Fähigkeiten, störende, Angst und Unlust erzeugende Informationen unsichtbar zu machen, nachgewiesen. In einer Untersuchung wurden verschiedene Versuchspersonen aufgefordert, zehn Bilder, die ihnen gezeigt wurden, danach einzustufen, welche ihnen gefielen oder nicht. Dabei wurden ihre Augenbewegungen mit einer speziellen Apparatur registriert.

Drei Bilder hatten deutliche sexuelle Inhalte. Auf einem waren im Vordergrund die Umrisse einer weiblichen Brust zu erkennen, im Hintergrund war ein zeitungslesender Mann. Einige Versuchspersonen reagierten bemerkenswert. Es gelang ihnen unbewusst, den Blick nicht auf die heikleren Stellen der sexuellen Bilder abschweifen zu lassen, d. h., selbst ohne dass sie die weibliche Brust auf dem einen Bild auch nur kurzfristig bewusst wahrgenommen hatten, gelang es ihnen, sie nicht anzusehen. Das ist, zumindest für männliche Versuchsteilnehmer, für die der Anblick einer weibliche Brust ja ein fast unwiderstehlicher Reiz ist, eine erstaunliche Leistung! Wurden sie einige Tage später gefragt, um was für Bilder es sich gehandelt habe, erinnerten sie sich kaum oder überhaupt nicht an irgendwelche sexuellen oder anzüglichen Inhalte.

Die Versuchspersonen hatten die Existenz der weiblichen Brust einfach verleugnet, vielleicht, weil sie sich selbst ihre Neugier nicht zugestehen konnten, vielleicht – etwas komplizierter – weil sie dem Experimentator nicht zeigen wollten, dass sie sogar ein ausgeprägtes Interesse hatten. Es macht ja einen großen Unterschied, ob ich mir vor mir selbst oder vor einer anderen Person etwas nicht eingestehe oder erlaube. Dieses Experiment zeigt den vorhin beschriebenen Selektionsvorgang unserer Wahrnehmung. Offenbar kann ein Teil von uns, bevor überhaupt etwas bewusst wird, eine schnelle »kritische Vorschau« machen, in der dann ein »verbotenes Objekt« wie die nackte Brust registriert wird und wonach dann der Blick – ebenso unbewusst – auf die nicht so »verräterischeren« und neutraleren Bereiche abgelenkt wird.

Die Psychoanalyse hat solche erstaunlichen Fähigkeiten Abwehrmechanismen genannt, was allerdings etwas unglücklich ist. Die Abwehrmechanismen wehren nicht nur ab, sondern sie haben sehr notwendige Schutz-, Sicherheits- und Orientierungsfunktionen für unsere Psyche. Sie werden daher besser als Strukturierungs-, Organisations- und Bewältigungsfunktionen bezeichnet. Ohne sie gäbe es überhaupt kein irgendwie geordnetes, klares Bewusstsein von irgendetwas. Sie helfen uns, die Welt und unsere Erfahrungen so zu ordnen, dass wir einigermaßen gut überleben und unsere Selbstachtung bewahren können.

Ohne es zu wissen, sind wir alle fantastische Zauberkünstler. Von den unzähligen Tricks, die wir alle seit unserer Kindheit meisterhaft beherrschen und ständig anwenden, seien nur drei unserer »Haupt- und Glanznummern« ausgewählt: Das Verschwindenlassen, das Verwandeln und das an anderem Ort wieder erscheinen lassen von seelischen Inhalten. Mit diesen dreien und deren Kombinationen sind wir für fast alle Wechselfälle des Lebens bestens ausgestattet.

Stellen wir uns vor, wir hätten das starke Bedürfnis, einen außereheLichen/außerpartnerschaftlichen Seitensprung zu machen. Wir haben aber große Schwierigkeiten, uns diesen weitverbreiteten (und wie heute von wissenschaftlicher Seite sogar vermutet wird, genetisch verankerten) Wunsch zuzugestehen. Wir müssen also alle diesbezüglichen Impulse irgendwie in den Griff kriegen, um einigermaßen »unbescholten« weiterleben zu können.

Das Kunststück »Verschwindenlassen« funktioniert z. B. mithilfe der Methoden Verdrängen, Unterdrücken, Vergessen, Verleugnen. Bei der »Verdrängung« z. B. verschwindet ein Wunsch, ein Gedanke, eine Information so vollständig aus dem Bewusstsein, dass es fast schon wieder verdächtig ist. Wir werden also nicht nur jeden entsprechenden aktuellen Wunsch verneinen, sondern auch nicht nachfühlen können, dass jemand überhaupt solche Wünsche haben kann. Wir jedenfalls kennen solche Wünsche nicht aus der Vergangenheit, nicht aus der Gegenwart, und es werden bei uns solche mit Sicherheit auch nicht in der Zukunft auftauchen.

Der Trick »Verwandlung« ermöglicht es, dass ein Inhalt in veränderter, nicht mehr wiedererkennbarer Form erscheint. »Rationalisierung« und »Verkehrung ins Gegenteil« wie auch »Sublimierung« sind dabei beliebte, hilfreiche Techniken. Bei der Rationalisierung findet man eine gute »Ausrede« oder eine sehr überzeugende »Erklärung«, weshalb es gut ist, dem Impuls nachzugeben oder nicht nachzugeben. Zum Beispiel können wir uns im Falle unseres Seitensprungs sagen, wir täten das nicht aus eigenem triebhaften Verlangen, sondern weil dies vielleicht eine wichtige und notwendige Erfahrung für unsere Partnerschaft sei. Oder aber, wir verzichten auf den Seitensprung und reden uns ein, wir seien damit »etwas Besseres« als andere Menschen, wir ständen souverän über solchen Schwächen.

Im Falle der »Verkehrung ins Gegenteil« wird das sexuelle Interesse an anderen Partnern ins Gegenteil verwandelt. Auf einmal empfinden wir – ohne dass wir uns recht erklären können wieso – unseren eigenen Partner wieder ganz besonders attraktiv. Vielleicht bringen wir ihm auch häufiger als sonst ein Geschenk mit, was meist auch ein Versuch ist, die eigenen Schuldgefühle wegen des heimlichen, noch gar nicht begangenen Seitensprungs zu beschwichtigen.

Bei der «Sublimierung» wird der ursprüngliche Wunsch in ein sozial akzeptiertes Interesse oder Verhalten umgewandelt. Um ein außerpartnerschaftliches sexuelles Interesse auf diesem Wege zu befriedigen, könnte man sich mit entsprechender Literatur, Filmen und Kunst beschäftigen, Witze erzählen, Eheberater, Mitglied bei der freiwilligen Filmselbstkontrolle oder Polizist bei der Sitte werden.

Eigene Wünsche und Bedürfnisse können wir am besten verschwinden und an einem anderen Ort wieder erscheinen lassen, wenn wir uns des Tricks «Projektion» bedienen. Unsere Tendenzen und Fantasien werden dabei nach außen verlagert und erscheinen, als würden sie zu jemand anderem gehören. So kann uns plötzlich auffallen, wie häufig Freunde und Bekannte von anderen Männern/Frauen und von Seitensprüngen sprechen oder dass die Zeitschriften voll von diesem Thema sind, ohne dass wir etwas von unserem eigenen Interesse daran spüren. Oder wir haben den Eindruck, unser/e PartnerIn sei uns gegenüber schon seit einiger Zeit so merkwürdig gleichgültig und desinteressiert, und wir vermuten eifersüchtig, es könne da noch jemand anderes im Spiel sein.

Unsere unbewussten Konflikte und Wünsche können in Gestalt solcher Projektionen sogar einen sehr starken unterschwelligen Druck auf unsere Partner ausüben. Wir manövrieren sie damit in Situationen hinein, in denen sie dann das tun, was unser eigenes Problem ist oder wovor wir Angst haben.

Die beschriebenen Zauberkunststücke wenden wir aber nicht nur für uns allein, sondern häufig auch gemeinsam an. Wie in unserem Märchen alle Akteure – der Kaiser, die Betrüger, seine Beamten und das Volk – zusammenspielen, um den Betrug und ihre Angst vor der eigenen Dummheit und Inkompetenz nicht auffliegen zu lassen, so verbünden sich in kleineren oder größeren sozialen Systemen oft viele Menschen miteinander, um sich mit einer unbequemen Wahrheit nicht zu konfrontieren. Familientherapeuten wissen, dass die Mitglieder einer Familie häufig heimlich kooperieren, um die Bewusstwerdung von Konflikten, alten Geheimnissen und unangenehmen Wahrheiten (z. B. Krankheiten, Alkoholismus, Missbrauch und Misshandlungen, Versagen im Beruf) zu vermeiden. Ein weitverbreitetes gemeinsames »Spiel« ist z. B. das der »heilen, glücklichen Familie«.

Ein ähnliches neurotisches »Spiel«, das »Wachstum, Fortschritt, Gewinnmaximierung, Fitness und Erfolg« heißt, spielt unsere ganze westliche Gesellschaft, um sich ihrer hintergründigen Sinn-Losigkeit und Selbst-Entfremdung nicht bewusst werden zu müssen. Dafür ist sie sogar bereit, die Ressourcen unseres Planeten Erde radikal auszubeuten, die Umwelt und damit ihre eigene Lebensgrundlage zu zerstören.

Auch die beiden Betrüger machen sich, wie wir im weiteren Verlauf des Märchens sehen können, ihre Arbeit keineswegs einfach. Man sieht sie nächtelang an den Webstühlen arbeiten und mit großen Scheren und Nadeln die unsichtbaren Kleider nähen. Das erinnert an den hohen energetischen und materiellen Aufwand, den wir mit unseren Aufschneidereien, Maskeraden und unseren Status-Symbolen betreiben oder der durch Propaganda und Werbung geleistet wird, um uns Schein-Werte, Schein-Sicherheiten und Schein-Befriedigungen zu verkaufen.

Weil alle so geschäftig und ernsthaft tun, als würde es sich bei diesem betrügerischen Schein-Weben um das Wichtigste und Kostbarste von der Welt handeln, wagen es nur wenige von uns, sich der kollektiven »Massenhypnose« zu entziehen, hinter die Fassade zu schauen und zu ihren eigenen Wahrnehmungen und Empfindungen zu stehen.

Da lob' ich mir die Höflichkeit ...

Ein anderer Anwendungsbereich unserer alltäglichen Täuschungskunststücke sind unsere althergebrachten Höflichkeitsformen und Etiketten, die gerade auch in den „besseren" und „höheren" Kreisen eine ganz besondere Rolle spielen. Hier scheint es ganz besonders wichtig zu sein, nicht »aus der Rolle zu fallen« und »das Gesicht zu wahren.«

So ist das menschliche Leben nichts als eine beständige Täuschung man tut nichts als sich gegenseitig betrügen und sich gegenseitig schmeicheln. Niemand spricht von uns in unsrer Gegenwart, wie er in unsrer Abwesenheit von uns spricht. Die Einigkeit, die unter den Menschen besteht, ist nur auf diesen gegenseitigen Betrug gegründet und wenige Freundschaften würden Bestand halten, wenn jeder wüsste, was sein Freund von ihm sagt, wenn er nicht da ist, obgleich er doch dann aufrichtig und ohne Leidenschaft von ihm spricht.

Der Mensch ist also nichts als Verstellung, Lüge und Heuchelei, so wohl in sich selbst als gegen die Anderen. Er will nicht, dass man ihm die Wahrheit sage, er vermeidet sie den Anderen zu sagen und alle diese Neigungen so weit entfernt von der Gerechtigkeit und von der Vernunft, haben eine natürliche Wurzel in seinem Herzen.[8]

Aber diese »Verstellung, Lüge und Heuchelei«, so problematisch und krankmachend sie häufig ist, ist andererseits auch eine soziale Notwendigkeit, ein soziales »Schmiermittel«, das unsere Beziehungen und Kommunikationen erleichtert und sogar fördert. Wie der Philosoph Blaise Pascal es oben sagt, ist darin eben auch oft die »Einigkeit der Menschen« begründet.

Zwischenmenschliche Rituale »anständigen« Benehmens wie auch die meisten anderen unserer Täuschungsmanöver lassen sich zurückführen auf den ältesten und unveränderlichsten Instinkt aller Lebewesen: den Selbsterhaltungstrieb. Wir möchten uns selbst nicht bloßstellen und indem wir mit anderen Menschen behutsam und rücksichtsvoll umgehen und ihr Selbstwertgefühl achten, haben wir die beste Garantie, dass auch sie mit uns gut umgehen. Seit Jahrtausenden und in praktisch allen Religionen wurde die »goldene Regel« zur Grundlage der sozialen Beziehungen gemacht. »Was du nicht willst, dass man dir tu, das füg auch keinem andern zu«, fasst sie uns das Sprichwort zusammen.

Da uns sehr daran gelegen ist, unser eigenes Selbstwertgefühl und die Anerkennung durch die anderen aufrecht zu halten, müssen wir davon ausgehen, dass es den anderen Menschen auch so geht. Sie möchten nicht, dass wir sie in ihren Schwächen »entlarven«, ihnen »die Maske vom Gesicht reißen«, sodass sie »ihr Gesicht verlieren«.

Ohne höfliche Umgangsformen und diplomatisches Geschick wäre es sehr schwer, sich auf dem glatten Parkett der gesellschaftlichen Beziehungen zu bewegen. Der gute Takt und der gute Ton – das sind nicht zufällig Begriffe aus der Welt der Musik und des Tanzes, die auf unsere sozialen Beziehungen übertragen wurden. Gutes soziales Zusammenleben ist wie ein Tanz, in dem wir uns selbst ausdrücken und auch auf die Bewegungen der anderen Menschen Rücksicht nehmen. Den anderen häufig auf die Füße zu treten, sie anzurempeln oder in eine Ecke zu drängen, fördert kaum den wohlwollenden Umgang miteinander.

So lernen wir von früh auf, dass es Dinge gibt, die man nicht laut oder öffentlich sagt, um den anderen nicht zu blamieren. Kinder, die diese Regeln noch nicht kennen, sagen deshalb oft Dinge, die Erwachsene für sich behalten (»Kindermund tut Wahrheit kund« oder »Kinder und Narren sagen die Wahrheit«). Das kann manchmal herzerfrischend sein, manchmal aber auch entlarvend und beschämend wie am Ende unseres Märchens.

Es gibt ein stillschweigendes Einverständnis, dass der taktvolle Umgang miteinander auch Täuschung und Lüge beinhaltet: Wir zeigen unsere wahren Gefühle nicht, übersehen die Schwächen, Ausreden, Lügen anderer, behalten Informationen für uns, lassen Einzelheiten weg oder schmücken sie aus, verwenden Notlügen, stellen uns einseitig in gutem Licht dar.

Selbst in einer so alltäglichen Szene wie der, dass man einen Bekannten auf der Straße trifft, ihn freundlich anlächelt, ihn begrüßt und ihn fragt, wie es ihm gehe, kann vieles Verstellung und Lüge sein. Weil wir vielleicht gerade selbst mit irgendwelchen Sorgen und Plänen beschäftigt sind, freuen wir uns weder, unseren Bekannten zu sehen (»Der hat mir gerade noch gefehlt!«), noch wollen wir ihm einen guten Tag wünschen (»So schön ist der Tag heute gar nicht!«), noch sind wir an seinem Wohlergehen interessiert (»Warum soll es dem besser gehen als mir?«). Trotzdem könnte es für die Zukunft der Beziehung fatal sein, man würde acht- und grußlos an ihm vorübergehen. Der andere würde sich von uns missachtet fühlen, und er würde uns diese Kränkung bei passender Gelegenheit »heimzahlen«.

Meistens sind wir uns gar nicht bewusst, wie übel wir solche kleinen, alltäglichen Missachtungen nehmen, die oft nur Gedankenlosigkeiten sind, und wie sehr wir uns später dafür rächen. Wir sind, was die guten und höflichen Umgangsformen mit uns angeht, viel empfindlicher und rachsüchtiger, als wir es uns zugestehen wollen.

Wilhelm Busch, der feinsinnige, humorvolle Psychologe, formuliert in seiner Gedichtesammlung »Kritik des Herzens«:

Wer möchte diesen Erdenball
Noch fernerhin betreten,
Wenn wir Bewohner überall
Die Wahrheit sagen täten.

Ihr hießet uns, wir hießen euch
Spitzbuben und Halunken,
Wir sagten uns fatales Zeug,
Noch eh‘ wir uns betrunken.

Und überall im weiten Land
Als langbewährtes Mittel
Entsprosste aus der Menschenhand
Der treue Knotenknittel.

Da lob’ ich mir die Höflichkeit,
Das zierliche Betrügen.
Du weißt Bescheid, ich weiß Bescheid;
Und allen macht’s Vergnügen.[9]

Vor einigen Jahren wurde von manchen Psychotherapeuten die Auffassung vertreten, dass Patienten frühzeitig mit ihren Selbstäuschungen, mit ihren Widerständen gegen Einsicht in ihre Wahrheit konfrontiert werden sollten, dass ihre hartnäckigen »Charakterpanzerungen« und »Fassaden« durchbrochen werden müssten.

Heute ist man sich der Gefahren und Grenzen solcher rigoroser Wahrheitstherapien mehr bewusst. Selbsttäuschungen haben im Gesamt des psychischen Organismus manchmal einen selbst- und lebenserhaltenden Sinn und können nur aufgegeben werden, wenn der betreffende Mensch bessere Alternativen gefunden hat. Zuviel »Wahrheit«, zu viel Entlarvung von »Fassadenhaftigkeit«, zu viel »Ent-Täuschung« kann auch schädlich, wenn nicht sogar tödlich sein.

Wie inzwischen viele wissenschaftliche Untersuchungen gezeigt haben, benötigen wir ein gewisses Maß an »positiven Illusionen«, an

Vorstellungen, die uns selbst, unsere Fähigkeiten, unsere Welt und unsere Zukunft in einem optimistischen Licht erscheinen lassen, die uns Hoffnung und Sinn geben. Produktive, kreative Selbsttäuschungen geben uns Kraft, mit den Widrigkeiten und Konflikten des Lebens besser fertig zu werden. Wie heilsam sich bei verschiedenen Krankheitsbildern optimistische Erwartungen auswirken können, ist ein anerkanntes Phänomen (vgl. auch den Placebo-Effekt).

C. G. Jung schreibt: »Von welchem Standpunkt aus können wir etwas als Illusion bezeichnen? Gibt es für die Seele etwas, was wir als ›Illusion‹ bezeichnen dürfen? Für die Seele ist sie vielleicht eine wichtigste Lebensform, eine Unerlässlichkeit, wie der Sauerstoff für den Organismus. Was wir ›Illusion‹ nennen, ist vielleicht eine seelische Tatsächlichkeit von überragender Bedeutung. Die Seele kümmert sich wahrscheinlich nicht um unsere Wirklichkeitskategorien. Für sie scheint in erster Linie wirklich zu sein, was wirkt.«[10]

Ein »illusionsloser Realismus« – wenn er überhaupt möglich wäre – führt häufig in die Sinnlosigkeit und Depression. Es scheint für unser Leben eindeutig besser zu sein, das halb gefüllte Glas Wein als halb voll anzusehen denn als halb leer. Ganze Welten können zwischen diesen beiden Betrachtungsweisen liegen. Die eine Betrachtungsweise kann unser Leben als ein unfasslich großes Wunder und eine einzigartige Gnade erscheinen lassen, die andere als einen wertlosen Kehrichthaufen und ein dauerndes Leid.

Der Kommunikations- und Systemforscher Gregory Bateson hat einmal gesagt: »Es gibt immer einen optimalen Wert, jenseits dessen alles toxisch (giftig) wird, unabhängig davon, um was es sich handeln mag [...] Biologische Größen brauchen immer ein Gleichgewicht.«[11]

Es ist sehr wahrscheinlich, dass das auch für Täuschung und Wahrheit gilt. Leider aber ist unser Leben so komplex, dass es oft schwer ist, zu entscheiden, was dieser optimale Wert ist, welche Lügen und Selbsttäuschungen lebenswichtig sind und welche Wahrheiten an- und ausgesprochen werden müssen.

Bei unserem Kaiser und seinen Beamten jedenfalls wirkt das gesunde Gleichgewicht zwischen Illusion und Realität, wie wir gesehen haben, gestört. Er lebt fast nur noch in einer Welt des Scheins und hat sich von der Realität des Alltags und der Natur weit entfernt. Vor allem ist er sich nicht der Wirklichkeit seines inneren Selbst bewusst und das ist im Grunde die tragischste Illusion der Menschheit überhaupt. Wenn wir uns dieses Selbst bewusst wären, könnten wir einerseits auf so viele leidvolle Täuschungen und ganz und gar unnötige Maskeraden verzichten. Andererseits könnten wir unsere alltäglichen Zauberkunststücke und positiven Illusionen dann auch als notwendige Inkredienzien im Spiel und Tanz der schöpferischen Gestaltungen des Lebens verstehen und sie dort anwenden, wo sie der Freude und der Hoffnung konstruktiv dienen.

Aber davon ist unser Kaiser noch weit entfernt. Zu seinem Erwachen aus seiner Kleider-Illusion und zu seiner Heilung bedarf es eines starken »Gegengiftes«, einer harten Konfrontation mit seiner nackten Wahrheit. Diese »nackte Wahrheit« wird uns noch ausführlicher beschäftigen. Sie ist zum einen eben gerade unsere Neigung zur Selbsttäuschung und zum Selbstbetrug, sie hat unter anderem viel mit dem zu tun, was in der Tiefenpsychologie als unser »Schatten« bezeichnet wird, und sie hat mit unserer Körperlichkeit und Endlichkeit zu tun.

Einer der Hauptgründe, warum wir uns hinter Fassaden verstecken und in Lebenslügen verstricken, ist nämlich die Angst, dass unsere Schattenseiten sichtbar werden könnten und dass wir uns bewusst werden könnten, dass wir ganz normale und sterbliche Wesen sind. Hinter der Auseinandersetzung mit unseren Täuschungen, mit unserem Schatten, unserer Körperlichkeit und Endlichkeit aber – und das soll hier nicht aus den Augen verloren werden – steht die Erfahrung und Verwirklichung des Selbst.

Der vielfarbige Schleier der Maya

Wir haben also gesehen, dass jeder von uns, bewusst oder unbewusst, in vielfältigen illusionären Vorstellungen und täuschenden Netzen und Schleiern verstrickt ist. Dichtung und Wahrheit, Wahn und Wirklichkeit, Illusion und Realität sind im Teppich des Lebens untrennbar miteinander verwoben und machen seine Ganzheit und auch seine schillernde Schönheit aus.

Von daher scheinen die Betrüger nicht zufällig auch Weber zu sein. Natürlich hat das Weben und Schneidern von Kleidung, wie wir gesehen haben, an sich schon viel mit Täuschung und Schein zu tun, aber die diesbezüglichen Zusammenhänge reichen noch tiefer. Das Weben wurde in früheren Kulturen oft in einen Zusammenhang mit der Schicksalshaftigkeit wie auch der Illusionshaftigkeit unseres Daseins gebracht. In der vedantischen Philosophie beispielsweise werden unser alltägliches Bewusstsein und unser übliches Welterleben als Samsara, als Illusion, bezeichnet, welche von der Göttin Maya hervorgerufen werden.

Maya ist die »Urweberin«, sie erschafft das Universum und webt auf dem Webstuhl des Lebens das Schicksal aller Menschen. Durch dieses Gewebe ist alles im Universum miteinander verbunden. Auch wenn das von ihr Gewebte in gewisser Hinsicht als Täuschung oder die Welt der äußeren Erscheinung angesehen werden kann, hinter der die letzte Wahrheit und Wirklichkeit verborgen bleibt, so ist ihre Tätigkeit doch notwendig, um das Sein überhaupt zum Ausdruck zu bringen. Im Schleier der Maya sind die unzähligen Erscheinungsformen des Lebens in ihrer sich ständig im Rhythmus der Zyklen und Polaritäten ändernden Dynamik gespiegelt. Ihr vielfarbiges Gewand birgt die unzähligen Masken der verborgenen Gottheit.

In Friedrich Schillers Ballade »Das verschleierte Bild zu Sais« wird dieses Motiv dargestellt und auch die Gefahr, die damit verbunden ist, wenn jemand versucht, zu Erkenntnissen zu gelangen, bevor er in der Lage ist, diese auch zu verarbeiten: Ein Jüngling kommt nach Sais in Ägypten, um die Wahrheit zu finden. Er steht vor dem verschleierten Bild der Isis. Er wird davor gewarnt, diesen Schleier eigenmächtig zu heben, weil er dann »die Wahrheit« erkennen würde.

[...] Verwundert
Blickt der den Führer an und spricht: »Was ist's,
Das hinter diesem Schleier sich verbirgt?« -
»Die Wahrheit,« ist die Antwort. – »Wie?« ruft jener,
»Nach Wahrheit streb ich ja allein, und diese
Gerade ist es, die man mir verhüllt?«

»Das mache mit der Gottheit aus,« versetzt
Der Hierophant. »Kein Sterblicher, sagt sie,
Rückt diesen Schleier, bis ich selbst ihn hebe.
Und wer mit ungeweihter, schuld'ger Hand
Den heiligen, verbot'nen früher hebt,
Der, spricht die Gottheit – » »Nun? –« »Der sieht die Wahrheit.«

»Ein seltsamer Orakelspruch! Du selbst,
Du hättest also niemals ihn gehoben?«
»Ich? Wahrlich nicht! Und war dazu auch nie
Versucht.« – »Das fass ich nicht. Wenn von der Wahrheit
Nur diese dünne Scheidewand mich trennte – «
»Und ein Gesetz,« fällt ihm sein Führer ein.
»Gewichtiger, mein Sohn, als du es meinst,
Ist dieser dünne Flor – für deine Hand
Zwar leicht, doch zentnerschwer für dein Gewissen.«

Trotz dieser Warnung kann der Jüngling nicht widerstehen. Um Mitternacht geht er heimlich in den Tempel der Gottheit und hebt den Schleier der Wahrheit.

Er spricht's und hat den Schleier aufgedeckt.
Nun, fragt ihr, und was zeigte sich ihm hier?
Ich weiß es nicht. Besinnungslos und bleich,
So fanden ihn am anderen Tag die Priester
Am Fußgestell der Isis ausgestreckt.
Was er allda gesehen und erfahren,
Hat seine Zunge nie bekannt. Auf ewig
War seines Lebens Heiterkeit dahin,
Ihn riss ein tiefer Gram zum frühen Grabe.
»Weh dem«, dies war sein warnungsvolles Wort,
Wenn ungestüme Frager in ihn drangen,
»Weh dem, der zu der Wahrheit geht durch Schuld,
Sie wird ihm nimmermehr erfreulich sein.«[12]

Novalis versucht später, das von Schiller noch sorgsam verborgene Geheimnis zu enthüllen. In einem Zweizeiler sagt er uns, welche Wahrheit der Jüngling nicht verkraften konnte:

Einem gelang es – er hob den Schleier der Göttin zu Sais –
Aber, was sah er? Er sah – Wunder des Wunders – sich selbst.[13]

Aber wieso soll nun, so kann man sich bei dieser Interpretation fragen, die Erkenntnis unserer inneren Wahrheit, unseres wahren Wesens, uns nicht frei, glücklich und kraftvoll machen, sondern »zentnerschwer« auf unser Gewissen drücken und uns des Lebens Heiterkeit nehmen, wie es die Ballade Schillers nahelegt?

Wenn wir uns auf den Weg der Selbst-Entdeckung und der Selbst-Erfahrung machen, befürchten wir oft, dass wir die Wahrheit, die wir über uns erfahren könnten, nicht aushalten. Wir fürchten uns beispielsweise davor, dass wir verrückt werden könnten, dass uns aus unserer Seele Horror, Tod und Teufel entgegen kommen kommen könnten. Solche Ängste vor der eigenen Seele sind oft Zeichen dafür, wie fremd wir uns selbst sind und dass wir an Vorstellungen über uns festhalten, die unserer wahren Natur nicht entsprechen. Obwohl wir tagaus, tagein aus unserem unbewussten Wesen, aus unserem Selbst heraus leben und von ihm getragen werden, glauben wir nicht, ihm trauen zu dürfen.

In Prozessen der Selbst-Findung dauert es deswegen häufig auch ziemlich lange Zeit, bis wir so viel Vertrauen zu uns und dem Prozess der »Innenschau« gewonnen haben, dass wir ihre »Wahrheiten« wirklich an und herankommen lassen können und näher zu betrachten wagen. Wir müssen erst allmählich bereit werden, uns tiefer zu öffnen. Würden uns gleich am Anfang unsere bisher nicht wahrgenommenen Wirklichkeiten und verdrängten Wahrheiten auf den »Kopf zugesagt«, uns »die Augen geöffnet« werden, ohne unsere natürliche Ängste und Widerstände zu berücksichtigen, würden wir dies oft sehr kränkend, beschämend und erschreckend empfinden und den Prozess vielleicht rasch abbrechen. Möglicherweise hätten wir dann – wie der Wahrheitssucher in Schillers Ballade – auf Lebzeiten eine tiefe Angst vor den unbewussten Seiten unserer Seele.

Was aber sehen wir denn nun Schlimmes, wenn wir den Schleier der Wahrheit zu lüften beginnen? Tatsächlich gibt es Einiges, dass uns sehr zu schaffen machen kann: fremdartige Empfindungen, merkwürdige Fantasien, seltsame Gefühle, tabuisierte Gedanken, autonome Triebe, Bedürfnisse, Süchte. Wir gewinnen den Eindruck, dass da in der Tiefe von uns etwas wirksam ist, was mit dem, was wir als unser vermeintlich vertrautes Ich empfinden, nur relativ wenig zu tun hat. Wir entdecken sehr körperhafte, unpersönlich erscheinende Kräfte, die ihr eigenes Leben haben. Wir stoßen auf sehr dunkle, unheimliche Seiten von uns, auf unseren »Schatten«.

Der Schatten ist ein bildhafter Begriff, den C. G. Jung für alle jene dunklen Seiten und ungelebten Anteile in uns geprägt hat, die wir zwar haben, aber nicht wahrhaben wollen. In einem engeren Sinne bezeichnet er alle Eigenschaften, Fähigkeiten, Gefühle, Gedanken, Fantasien und Handlungen, die von der jeweiligen Gesellschaft als negativ und sogar destruktiv angesehen werden, wie z. B. Intoleranz, Gewalttätigkeit, Rassismus, Egoismus, Hass, Eifersucht, Rachsucht, Neid, Habgier, Geiz oder Hochmut. In einem weiteren Sinne bezieht er sich auch auf die verschiedensten Aspekte unseres Wesens, die wir im Laufe unserer Erziehung und Entwicklung als nicht zu uns gehörig anzusehen gelernt haben, weil sie uns schlecht, fehlerhaft, minderwertig, verboten oder sonst wie tabuisiert vorkommen. Wir befürchten von den anderen Menschen abgelehnt, ausgelacht, gedemütigt, nicht mehr geliebt zu werden, wenn wir Ihnen solche »bösen« Seiten von uns zeigen.

Wenn C. G. Jung einmal sagte, dass der Schatten zu 90% aus reinem Gold bestünde, dann meinte er damit, dass wir mit der dauernden Abwehr unseres Schattens einen Großteil unserer seelischen Energie verbrauchen, die wir für unsere Kreativität und Lebendigkeit viel besser verwenden könnten. Weiterhin haben wir auch sehr viele Seiten in den Schattenbereich verdrängt haben, die kostbar und positiv sind, die uns aber in unserer Kindheit als schlecht, ungehörig, unverschämt und sündig dargestellt und mit negativen Aussagen verbunden wurden. Dazu gehören beispielsweise Neugier und Kreativität, (»Sei doch nicht so neugierig!«, »Du mit Deinen verrückten Einfällen«), Eigenständigkeit (»Du Dickkopf«), Selbstbehauptung (»Sei doch nicht so egoistisch«), Spontanität (»Kannst Du dich nicht beherrschen?«), Fantasie (»Sei doch nicht so ein Träumer!«) oder Sexualität (»Männer denken doch immer nur an das Eine!«).

Unser Schatten steht dabei in einem direkten Verhältnis zur Persona und unseren Ideal-Vorstellungen: Je mehr wir versuchen, uns einseitig nach gesellschaftlichen oder religiösen Vollkommenheitsmaßstäben zu orientieren, desto dunkler und bedrohlicher kann unser Schatten sein. Menschen wie unser Kaiser, welche stark mit festgelegten Rollen und Formen und einer fassadenhaften Persona identifiziert sind, die wenig von ihrer wirklichen Persönlichkeit und ihrer menschlichen Ganzheit zum Ausdruck kommen lassen, müssen häufig in ganz besonderem Maße die vielen anderen, zur Rolle nicht passenden Seiten in ihr Unbewusstes, in den »Schattenbereich« drängen und ängstlich darauf bedacht sein, sie nicht zum Vorschein kommen zu lassen. Nur so lässt sich verstehen, dass der Kaiser und seine Beamten eine solche Angst davor haben, die Wahrheit, die sie alle sehen, auch auszusprechen.

Aus dieser starken Angst vor unseren Schattenseiten kann sich ein unheilvolles psychodynamisches Geschehen aufschaukeln. Gerade durch die »Verteufelung« können uns normale, allgemeinmenschliche und harmlose Seiten unserer Persönlichkeit wie blutrünstige Monster erscheinen. Und je mehr wir ein solches blutrünstiges Monster in uns lauern spüren, desto größer wird unsere Anspannung und unsere Angst. Wir haben Angst vor unseren eigenen Untiefen, und wir haben Angst, dass uns andere Menschen entlarven könnten, dass sie diese Monster in uns entdecken könnten. Diese dauernde Angst vor Entlarvung, davor, dass jemand unsere andere, vermeintlich teuflische Seite sehen könnte, macht uns misstrauisch, und wir bemühen uns, eine umso stabilere Fassade aufrechtzuerhalten, welche wiederum unsere Schattenseiten wachsen lässt.

In einen solchen krankmachenden Teufelskreislauf muss unser Kaiser hineingeraten sein, sodass er sich gezwungen fühlt, sich unentwegt mit seiner Fassade zu beschäftigen.

Der verteufelte Schatten

Das wirklich »Böse in uns« ist dabei oft gar nicht das, was wir an negativen Seiten verteufeln, sondern es ist die Gewalttätigkeit, mit der wir uns selbst demütigen, quälen und verletzen, indem wir diese Seiten in uns abwerten und uns dafür verachten und bestrafen.

Der Schatten bezieht seine Macht und Destruktivität gerade dadurch, dass wir ihn aus unserem Leben und Bewusstsein ausschließen. Schließlich wendet er sich gegen uns und fällt uns »von hinten« an. Weite Bereiche der eigenen Persönlichkeit werden dann, weil sie nicht als dazugehörend akzeptiert werden, zum inneren oder, projiziert, zum äußeren Feind, der bis aufs Äußerste bekämpft werden muss.

Das klassische märchenhafte und literarische Motiv hierfür ist die nächtliche Verwandlung eines tagsüber ganz normal wirkenden Menschen in ein fremdes Wesen, ein bedrohliches Tier oder ein Ungeheuer. Denken wir an die vielen Geschichten von schattenhaften Doppelgängern, Persönlichkeitsspaltungen (Dr. Jekyll und Mr. Hyde, Faust und Mephisto), vom Werwolf oder dem blutgierigen, halb toten Dracula.

Ein junger Mann, der gelegentlich unvermutet von unerklärlichen Angstgefühlen und »tollwütigen« Aggressionen »befallen« wurde, träumte: »Ich sehe in einiger Entfernung einen ganz wunderschönen Wolf mit glänzendem roten Fell. Ich bin ganz fasziniert von ihm. Als ich ihm näher kommen will, sagt jemand: ›Achtung. Der Wolf hat Tollwut.‹ Jetzt sehe ich, dass der Wolf über und über mit Speichel bedeckt ist, ganz gefährlich aussieht. Er stürzt sich auf mich und beginnt meine Arme zu zerfleischen. Ich wache in Panik auf.«

Der Wolf steht, wie die Einfälle des Träumers ergaben, in einem engen Zusammenhang zu seiner Lebendigkeit, Vitalität, Sexualität und Aggressivität. Der Mann war sehr eng moralisch und sehr streng »religiös« erzogen worden. Schon früh wurde ihm mit dem Fegefeuer und dem Jüngsten Gericht gedroht, wenn er »böse« war.

Die sehr problematischen Jesusworte: »Wenn dich dein rechtes Auge zum Bösen verführt, dann reiß es aus und wirf es weg! [...] Und wenn dich deine rechte Hand zum Bösen verführt, dann hau sie ab und wirf sie weg« (Matthäus 5, 29,30) hatten ihn, wie viele andere Gläubige auch, in eine unmögliche psychische Situation gebracht. Wie sollte er es schaffen, nicht »Böses« zu denken, zu sehen, zu tun? Er versuchte früh, seine Sexualität, seine Aggressivität, seine Spontanität und seinen »Egoismus« – und damit einen Großteil seiner Lebendigkeit und Lebensfreude – durch asketische Lebenshaltungen und selbstzerstörerische Verhaltensweisen abzutöten.

Die beschriebenen »bösen« Eigenschaften wurden von Außenstehenden an ihm durchaus wahrgenommen und gaben seiner Persönlichkeit sogar einen ganz besonderen Charme. Er selbst aber konnte nicht zu ihnen stehen. Er wollte entsprechend seinen tief eingeprägten Moral- und Idealvorstellungen stattdessen tugendhaft sein, besser und reiner als die anderen Menschen.

Damit spaltete er seine eigene »Wolfsnatur« in sich ab. Im Traum wurde von seiner inneren moralisch-kritischen Eltern-Über-Ich-Stimme alles das, was dieser Wolf für ihn symbolisierte, nämlich natürliche Aggressivität und Wildheit, Sexualität und animalische Körperlichkeit, feurige Energie, Lebenslust und Lebensfreude als »tollwütig« bezeichnet.

Weil das »Wölflische« sich in seinem Leben und seinem Bewusstsein nicht ausdrücken konnte, fiel es ihn in Situationen, in denen er psychisch labil war und seine vernünftige, moralische Kontrollhaltung lockerte, aus »dem Unbewussten heraus« an, überflutete ihn mit unerklärlicher Panik und wütenden Affekten. Der Träumer konnte dann tatsächlich auf sich selbst losgehen, sich selbst schlagen und verletzen, seine Arme zerkratzen und »zerfleischen«.

Dies ist ein geradezu klassisches Beispiel dafür, dass das eigentlich Böse meist nicht in den als negativ definierten Gefühlen, Fantasien und Eigenschaften besteht, sondern gerade in deren Abwehr. Erst durch die Abspaltung wird es destruktiv und sogar noch potenziert, wie jeder weiß, der einmal erlebt hat, dass sich seine Wut aufgestaut und sich dann in gefährlicher Weise überdimensional entladen hat. Das (vermeintlich) Böse in uns zu hassen und mit Unterdrückung und Gewalt zu bekämpfen, macht es tückisch und ebenso boshaft, wie wir selbst mit ihm umgehen.

Aufgrund der dauernden Verdrängung unserer Schattenseiten haben wir, wenn wir den Schleier der Isis heben, den Eindruck, unsere »Wahrheit«, der »wahre« Mensch, unsere wirkliche Natur, sei durch und durch böse, egoistisch, unsozial, triebhaft, wir seien dauernd nur auf unseren Vorteil bedacht, voller Berechnung, Betrug und Lüge. Wir befürchten, vor allem aus dem Bösen und Niederträchtigen zu bestehen. Wir übersehen dabei, dass der Mensch, der wir sind, auch ein soziales Wesen ist, der die ganze Zivilisation hervorgebracht hat, die, trotz allem Chaos und aller Gewalt, auch relativ geordnet und stabil ist.

Der Mensch »an sich«, in seinem natürlichen, ursprünglichen Zustand, ist wahrscheinlich, ebenso wie die Pflanzen und die Tiere, moralisch »neutral«. Er ist weder besonders gut noch besonders böse. Er versucht, sein Leben und sich selbst zu erhalten, so gut es ihm möglich ist und dass ist auch das, was die Natur in ihm erwartet. Da er ein Wesen ist, das in hohem Maße von anderen Menschen abhängt, bringt ihn sein Überlebens- und Selbsterhaltungstrieb vermutlich sogar dazu, dass er bestimmte soziale Tugenden, das Einhalten von Gesetz und Ordnung gegenüber anarchistischen Tendenzen und reinem Egoismus bevorzugt. Was ihn dennoch so unglaublich böse, kriminell, grausam und gewalttätig machen kann, ist sehr wahrscheinlich das Fehlen von menschlicher Anerkennung, Zugehörigkeit, Liebe und geborgener Sicherheit. Aus den meisten Biografien krimineller Menschen jedenfalls erfährt man, dass sie in ihrer Kindheit und Jugend vielen ablehnenden, misshandelnden, gewalttätigen und demütigenden Erfahrungen ausgesetzt waren, dass sie einsame, ungeliebte, traumatisierte Kinder waren.

Wenn wir das »Böse« in uns oder in der Gesellschaft also mit Gewalt ausrotten wollen, potenzieren wir nur seine Energien, weil hinter ihm meist mächtige Lebenskräfte stehen, die dem Leben, seinem Überleben und seiner Selbsterhaltung dienen. Durch Integration, d. h. durch Akzeptanz dessen, dass alle diese Gefühle und Seiten unvermeidbar und unauflöslich zu uns gehören, verlieren sie hingegen ihren bedrohlichen und gefährlichen Charakter.

Die Weber zeigen dem „begeisterten“ Kaiser die Schönheit seines neuen Gewandes. Nach einer Illustration von Henry Justice Ford (1860-1941)

Der Spiegel und der Hüter der Schwelle

Die ganze Nacht vor dem Morgen, an dem die Prozession stattfinden sollte, saßen die Betrüger auf und hatten über sechzehn Lichter angezündet. Die Leute konnten sehen, dass sie stark beschäftigt waren, des Kaisers neue Kleider fertig zu machen. Sie taten, als ob sie das Zeug aus dem Webstuhl nähmen, sie schnitten mit großen Scheren in die Luft, sie nähten mit Nähnadeln ohne Faden und sagten zuletzt: »Nun sind die Kleider fertig!«

Der Kaiser kam mit seinen vornehmsten Kavalieren selbst dahin, und beide Betrüger hoben einen Arm in die Höhe, gerade als ob sie etwas hielten, und sagten: »Seht, hier sind die Beinkleider. Hier ist der Rock! Hier der Mantel!« und so weiter. »Es ist so leicht wie Spinnwebe, man sollte glauben, man habe nichts auf dem Leibe; aber das ist gerade der Vorzug dabei!«

»Ja!« sagten alle Kavaliere; aber sie konnten nichts sehen, denn es war nichts da. »Belieben Eure Kaiserliche Majestät jetzt ihre Kleider allergnädigst auszuziehen«, sagten die Betrüger, »so wollen wir Ihnen die neuen anziehen, hier vor dem großen Spiegel.«

Der Kaiser legte alle seine Kleider ab, und die Betrüger taten so, als ob sie ihm jedes Stück der neuen Kleider anzögen. Sie fassten ihm um den Leib und taten, als bänden sie etwas fest, das war die Schleppe; der Kaiser drehte und wendete sich vor dem Spiegel. »Ei, wie gut das kleidet! Wie herrlich das sitzt!« sagten alle. »Welches Muster, welche Farben! Das ist eine kostbare Tracht!« - »Draußen stehen sie mit dem Thronhimmel, der über Eurer Majestät in der Prozession getragen werden soll«, meldete der Oberzeremonienmeister.

»Ja, ich bin fertig!« sagte der Kaiser. »Sitzt es nicht gut?« Und dann wandte er sich nochmals vor dem Spiegel, denn es sollte scheinen, als ob er seinen Schmuck recht betrachte.

In diesen Szenen erreicht die narzisstische Selbstbespieglung, das Verstellen und Vormachen ihren absoluten Höhepunkt. Wie sehr sich die Betrüger bemühen, den Eindruck zu erwecken, sie arbeiteten gewissenhaft und mit ganzem Einsatz an einer äußerst wichtigen Sache! Wie der Kaiser sich vor dem Spiegel dreht und wendet, um seine nicht vorhandene Pracht zu bewundern, von der er weiß, dass sie nicht da ist! Wie seine Bediensteten ihm immer wieder heuchelnd bestätigen, wie gut ihm die unsichtbare Kleidung stehe, innerlich aber zittern vor Angst, ihre Dummheit könne offenkundig werden!

Wenn man sich Zeit lässt, um dieses ganze Theater in aller Ruhe zu imaginieren und emotional nachzuvollziehen, wird man von vielen schamhaften und peinlichen Gefühlen erfüllt. Wie sehr ist uns das alles vertraut, was die Beamten des Kaisers und er selbst da vollführen! Wie sehr haben wir alle schon darunter gelitten, dass wir etwas vorspielten, was gar nicht vorhanden war! Wie oft haben wir einer Sache zugestimmt, mit der wir in Wirklichkeit nicht einverstanden waren! Wie oft haben wir so getan, als hätten wir etwas verstanden, was wir gar nicht verstanden hatten! Wie oft haben wir blindlings geglaubt, was uns Leute aus der Werbung und Wirtschaft, was uns Philosophen, Politiker, Wissenschaftler und religiöse Führer als Wahrheit ausgegeben haben, obwohl es nicht mit unseren eigenen Wahrnehmungen, Gefühlen, Gedanken und Erfahrungen übereinstimmte.

Gleichzeitig stoßen wir in dieser Szene aber auch wieder auf das Doppeldeutig-Schillernde, dem wir schon bei Hermes-Mercurius, dem Seelenführer, und bei der ganzen Täuschungs-Thematik begegnet sind. In der Vorbereitung des Kaisers auf die Prozession finden sich nämlich deutliche Anklänge an einen mystischen Einweihungsritus. Der Saal ist mit über sechzehn Kerzen erleuchtet. Die Zahl sechzehn ist eine Zahl des Maßes und der Vollkommenheit, eine Potenz der Zahl vier, die schon in der Antike die Zahl der Ganzheit war (vier Elemente, vier Jahreszeiten, vier Himmelsrichtungen usw.). Die Rosenkreuzer des 16. und 17. Jahrhunderts unterschieden in ihrem philosophischen System die ganze Natur nach vier mal vier Elementen. In den indischen Chandogya-Upanischad besteht der vollständige Mensch aus sechzehn Teilen und die Veden kennen die sechzehnfache Beschwörung, z. B. bei der Herstellung des Soma, dem alten sakralen Getränk der höheren Weisheit und Gotteserfahrung.[14]

In vielen Erneuerungsritualen spielen Nacktheit und Neu-Einkleidung eine zentrale Rolle. Wenn Menschen tiefere Ein-Sichten oder Offen-bar-ungen erleben, dann beschreiben sie das oft so, als ob ihre alte Persona wie Kleidung ausgezogen, wie eine Maske entfernt oder wie ein starrer Panzer aufgebrochen würde. Nacktheit bedeutet meistens die Rückkehr in einen ursprünglichen Zustand, in einen Zustand, wo man sich seiner »nackten Wahrheit« mit allen menschlichen Seiten und Regungen bewusst wird, wo man ganz gewöhnlich ist, so wie man eben ist, ohne Verstellung und Tarnung. Neue Kleider symbolisieren dann die Erfahrung einer neuen, wesentlicheren Identität und eines erweiterten, transpersonalen Bewusstseins.

Der Spiegel ist seit alters ein Symbol für die unverfälschte, reine Wahrheit. Er gibt das wieder, was ist, wie es ist, ohne etwas Eigenes dazuzutun. Deshalb wurde er in östlichen Kulturen auch als Gleichnis für eine meditative, offene Haltung gewählt. Das Bewusstsein soll die Dinge, die es wahrnimmt, unmittelbar und direkt annehmen, ohne sie durch gefühlsmäßige Bewertungen, durch Abneigung oder Zuneigung, durch Zwang oder Kontrolle zu verzerren und zu verfälschen. Je offener und freier der Geist und das Bewusstsein von diesen Beurteilungen und vorgefassten Einstellungen seien, desto mehr könne der Mensch zur Selbsterkenntnis finden. Im menschlichen Bewusstsein könnten sich dann das Licht und der Glanz der

Wahrheit offenbaren, die Ganzheit und Schönheit des Universums und der göttlichen Schöpfung spiegeln.

Vor diesem neuen Bewusstsein steht aber meist die Auseinandersetzung mit dem »Hüter der Schwelle«. Dieser Hüter der Schwelle ist eben der Schattenbereich, der Bereich all dessen, was uns Angst macht, was wir nicht sehen wollen und was deswegen auch den Blick in die weiteren Dimensionen unserer Psyche erschwert.

Der Kaiser wagt diese Mutprobe nicht, wagt nicht hinter die Maske zu schauen und damit den »Schleier« der Maya und der Selbsttäuschung zu heben. Er scheint noch nicht bereit zu sein, »die höheren Weihen« zu erfahren. Seine nackte Wahrheit, die er im Spiegel erkennt, scheint ihm noch so unerträglich peinlich, dass er trotz dieser unmittelbaren Konfrontation mit ihr weiter so tut, als würde er sie nicht sehen.

Mit dem eigenen Schatten Freundschaft schließen

Welche Möglichkeiten gibt es nun, sich mit dem eigenen Schatten vertraut zu machen? Wen oder was können wir als Spiegel verwenden, um unsere dunklen Seiten zu erkennen? Eine einfache und direkte Methode, die wir wahrscheinlich alle gut aus unserer Kindheit kennen, ist folgende: Wir stellen uns vor einen großen Spiegel – wenn wir ganz mutig sind tun wir dies nackt – und machen dann die schlimmsten, teuflischsten, hinterhältigsten, boshaftesten, gewalttätigsten, närrischsten, perversesten, gemeinsten, blödsinnigsten, triebhaftesten, wahnsinnigsten, verächtlichsten, arrogantesten, dummsten, affigsten Grimassen und Bewegungen, die wir uns nur vorstellen können. Und dabei sagen wir uns immer wieder: »Das alles bin ich auch.«

Ähnlich direkt wie diese Methode ist das Einholen von Feedbacks bei Partnern und Freunden. Man bittet diese, einem ganz offen und ehrlich zu sagen, wo sie denn Schwierigkeiten mit uns haben, wo sie denn glauben, dass unsere Schattenseiten lägen. Wenn es einem schwer fällt, nur von den dunklen Seiten zu hören, kann man sie bitten, anschließend noch einige positive Aspekte, die natürlich auch immer vorhanden sind, zu nennen.

Ein weiterer Spiegel zur Entdeckung unseres Schattenbereichs sind unsere Träume und Fantasien. Wenn man allein nur ehrlich wäre, sich ganz bewusst zu machen, was man den lieben langen Tag so alles über sich und andere Menschen denkt und fantasiert, dann bräuchte man sich keine unnötigen Illusionen mehr über seine dunklen Seiten zu machen. Leider gelingt es uns aber meist nicht so einfach und leicht, wie es hier erscheinen könnte, unseren Schatten zu erkennen, anzunehmen und zu integrieren. Die Angst vor sozialer Ablehnung, vor vernichtender Scham und belastender Schuld sind so sehr Bestandteil unserer Abwehrstrategien geworden, dass es oft vieler Monate der ängstlich-vorsichtigen Annäherung, des allmählichen Vertrautmachens und der Gewöhnung bedarf, bis wir in der Lage sind, dem »Bösen in uns« ins Auge zu sehen. Und je mehr unser Selbstwerterleben durch das Einhalten sozial erwünschten Verhaltens, besonderer Tugendhaftigkeit und Perfektion bestimmt und aufrechterhalten wird, desto schwerer wird es uns, »den Teufel im eigenen Leib« zu spüren.

Wem also die bisher beschriebenen Methoden zu direkt sind, der kann sich andere Spiegel suchen, die nicht so scharf und hell sind und ihm seinen Schatten etwas behutsamer reflektieren.

Wir können uns allmählich mit der ganzen umfänglichen Schattenproblematik vertraut machen, indem wir uns damit beschäftigen, wie sie von außen durch die verschiedenen Medien an uns herantritt. Erlauben wir uns, den heimlichen Reiz von Märchen, Mythen und Romanen, von Horror- und Kriminalfilmen, Action-Thrillern, von Kriegsberichten und Katastrophen, von Un- und Todesfällen, von Mord, Diebstahl, Vergewaltigung und Missbrauch, von Sensationsenthüllungen, Skandalen, Klatsch, von Missgeschicken und Fehlleistungen zu spüren. Die viel und oft beklagte negative Berichterstattung in den Medien wird von den Publizisten häufig so erklärt, dass sie sich der Wahrheit und Realität verpflichtet fühlten und dass sie sich nicht einer »Schönfärberei« schuldig machen möchten. Dies ist zum großen Teil eine Rationalisierung, denn es geht nicht hauptsächlich um die Wahrheit, sondern um das Geld: Vermutlich würden die Auflagenhöhen und die Einschaltquoten drastisch fallen, wenn nur von positiven und guten Erfahrungen berichtet würde. Wir Menschen erwarten Skandale und Katastrophenmeldungen, in denen unsere unterdrückten Schattenseiten Genugtuung und Befriedigung finden können.

Unserem Schatten können wir in aggressiven Sportveranstaltungen begegnen (Boxen, Fußball, Rennfahren, Catchen), in denen Feindbilder und Gegner »niedergemacht« und »vernichtend geschlagen« werden. Er zeigt sich meist auch in unseren Projektionen auf andere Menschen, auf andere Völker und Kulturen, auf Außenseiter der Gesellschaft, auf Minderheiten. Listen wir auf, was wir an anderen Menschen, bei Freunden, Partnern und Kollegen unangenehm finden und nicht mögen. Aus dieser vermutlich recht langen Liste kreuzen wir dann an, welche von den dargestellten Eigenschaften wir ganz besonders hassenswert, verachtenswert, widerlich finden und absolut »auf den Tod« nicht ausstehen können. Das, was wir am wenigsten akzeptieren können, hat sehr wahrscheinlich mit unseren eigenen projizierten Eigenschaften zu tun.

Wie sich eigene Feindseligkeit nach außen projiziert, beschreibt Paul Watzlawick in der Geschichte vom Hammer, die auf eine alte chinesische Vorlage zurückgeht:

Ein Mann will ein Bild aufhängen. Den Nagel hat er, nicht aber den Hammer. Der Nachbar hat einen. Also beschließt unser Mann, hinüberzugehen und ihn auszuborgen. Doch da kommt ihm ein Zweifel: Was, wenn der Nachbar mir den Hammer nicht leihen will? Gestern schon grüßte er mich nur so flüchtig. Vielleicht war er in Eile. Aber vielleicht war die Eile nur vorgeschützt, und er hat was gegen mich. Und was? Ich habe ihm nichts angetan; der bildet sich da etwas ein. Wenn jemand von mir ein Werkzeug borgen wollte, ich gäbe es ihm sofort. Und warum er nicht? Wie kann man einem Mitmenschen einen so einfachen Gefallen abschlagen? Leute wie dieser Kerl vergiften einem das Leben. Und dann bildet er sich noch ein, ich sei auf ihn angewiesen. Bloß weil er einen Hammer hat. Jetzt reicht's mir aber wirklich. – Und so stürmt er hinüber, läutet, der Nachbar öffnet, doch bevor er »Guten Tag« sagen kann, schreit ihn unser Mann an: »Behalten Sie sich Ihren Hammer, Sie Rüpel.«[15]

Je mehr man sich über Situationen und Menschen und deren unmögliches Verhalten aggressiv ereifert, desto mehr kann man davon ausgehen, dass man hier auch einen eigenen Schattenanteil zu bekämpfen versucht. Natürlich gibt es auch eine Vielzahl von Gewalttätigkeiten, Ungerechtigkeiten und zerstörerischen Haltungen, die uns zurecht erbosen, wo wir zurecht und ohne eigene Schattenprojektion zutiefst empört und aggressiv reagieren können und auch sollten. Aber als Faustregel kann gelten: Je stärker, unverhältnismäßiger und unangemessener unsere emotionale Reaktion auf andere Menschen oder gesellschaftliche Umstände ist, desto wahrscheinlicher handelt es sich dabei auch (aber vielleicht nicht nur) um eine Schattenprojektion.

Der Schatten kommt darüber hinaus in Situationen zum Vorschein, die uns zum Lachen reizen (unser Lieblingswitz!) oder in vielfältigen kleineren oder größeren psychischen Störungen, wie z. B. bei Konzentrations- und Gedächtnisschwierigkeiten, plötzlich abschweifenden Gedanken, heftiger Müdigkeit, psychosomatischen Reaktionen, ungewöhnlichen Verhaltensweisen und Fehlleistungen wie Versprechen, Verhören, Missgeschicke.

Wenn ein Rundfunksprecher beim Wetterbericht über den Luftdruck meinte: »Der Lustdruck ist allgemein fallend«, dann könnte man vermuten, dass seine Stimmung in Bezug auf Arbeit und Sex gerade einen Tiefpunkt erreicht hat, vielleicht ähnlich wie bei seinem Kollegen, der kategorisch prophezeite: »Heute Nacht keine weitere Bevölkerungszunahme (Bewölkungszunahme)!« Eine Fernsehansagerin schien zu dem ganzen Themenkomplex Sexualität eine etwas andere Auffassung zu haben. Wohl in Vorfreude auf einen erotischen Abend kündigte sie an: »Wir berichten jetzt über die Olympischen Bettspiele (Wettspiele).« Es wäre natürlich auch denkbar, dass ihr bei dieser Fehlleistung ein unbewusster Leistungskomplex dazwischengeraten war, der ihr die Sexualität als olympische Hochleistungsdisziplin erscheinen ließ.[16]

Das Ausrutschen, Stolpern und Hinfallen von anderen Menschen gehört zu den Missgeschicken, die fast regelmäßig beträchtliche Schadenfreude bei uns hervorlocken. Vermutlich genießen wir es ziemlich, wenn so offensichtlich ist, dass der andere seine Haltung nicht mehr bewahren kann, seine Kontrolle und Beherrschung verliert, »keine gute Figur macht«, »auf die Nase fällt«. Wir freuen uns dabei weniger über den Schmerz, den der Betreffende dabei möglicherweise erleidet, sondern mehr über die mit dem Sturz erlittene, demütigende Peinlichkeit seiner »Niederlage«, die uns einerseits einen gewissen Triumph über ihn gibt, andererseits wohl auch das beruhigende Gefühl, dass der andere auch nur ein normaler Mensch ist, der sich genauso dumm oder ungeschickt anstellen kann, wie wir selbst.

Wenn wir uns auf die eine oder andere Weise mit unseren schattenhaften Seiten vertraut gemacht und uns mit ihnen versöhnt haben, können wir oft erfahren, dass sie wir schon recht boshaft und gemein sein können, wie wir es immer befürchteten. Es lässt sich in vielen Fällen aber jetzt entspannter und ungezwungener mit ihnen leben. Durch ihre Integration müssen wir sie nicht mehr unbewusst ausleben oder blindlings auf andere Menschen projizieren, sondern sie finden sie zu einem lebendigen Gleichgewicht mit unseren anderen eher als positiv empfundenen Eigenschaften. Sie machen uns nicht böser oder schlechter, als wir ohnehin sind, sondern toleranter, menschlicher, kreativer, lebendiger, humorvoller, sie geben uns mehr Freiheit, erschließen uns neuen Lebens- und Handlungsspielraum.

Nach Auffassung der Tiefenpsychologie beginnt deshalb alle wahrhafte Reifung der Persönlichkeit und die Entwicklung von Friedfertigkeit zuerst mit einer Versöhnung mit dem inneren Feind, dem eigenen Schatten. Jeder wirkliche Fortschritt im Individuationsprozess ist immer auch ein Beitrag für die Gesellschaft. Viele gesellschaftliche Probleme beruhen darauf, dass wir unsere Verantwortung für unseren Schatten nicht übernehmen wollen und ihn stattdessen auf unsere Mitmenschen, auf Partner und Kinder, auf Außenseiter und Minderheiten, andere Völker und fremde Kulturen projizieren. Die anderen Menschen werden zu den Sündenböcken, denen wir unsere Unzulänglichkeiten und Schwierigkeiten zuschieben.

Solange der Schatten auf diese Weise am anderen Menschen und im Außen gesehen und dort angegangen wird, kann sich gesellschaftlich überhaupt nichts ändern. Im Gegenteil, es kommt durch gegenseitige Projektionen häufig ein überaus gefährlicher Aufschaukelungsprozess von gegenseitigen Anklagen und Schuldzuweisungen in Gang, den wir bei Konflikten und Streitereien in zwischenmenschlichen Beziehungen ebenso beobachten können wie in nationalen und internationalen Krisen, Kriegen und Katastrophen. Durch die Auseinandersetzung und die Versöhnung mit dem eigenen Schatten übernehmen wir unseren Teil der Verantwortung für das Böse und Dunkle in der Menschheit. Was immer auch an Bösem, Schlechten und Gewalttätigem in der Welt geschieht, erkennen wir als einen Aspekt und als eine Möglichkeit von uns selbst.

Was also sehen wir alles, wenn wir in den Spiegel der Wahrheit, hinter den Schleier der Maya, blicken, wenn wir wagen, unsere Nacktheit, vor der der Kaiser sich so fürchtet, wahrzunehmen?

Wir entdecken, wie beschrieben, unsere Schattenseiten: unsere moralischen Mängel, unsere Fehler und Schwächen, unsere Heimlichkeiten, unsere »Sünden«. Tröstlicherweise sind wir mit diesen unseren Schwächen und Sünden aber nicht allein auf der Welt. Es gibt genügend andere Menschen, die etwas ähnlich Schlimmes gemacht oder gedacht haben, die ebenso egoistisch, ehrgeizig, machthungrig, rechthaberisch, berechnend, neidisch, missgünstig, boshaft sind wie wir. Ja, selbst die Menschen, die wir als unsere Vorbilder bewundern, die berühmten Menschen, die Stars, die Politiker, die religiösen Führer: sie alle offenbaren uns, wenn wir sie näher kennenlernen, beträchtliche dunkle, menschlich-allzumenschliche Seiten.

Damit entdecken wir, dass wir gar nicht so großartig und besonders sind, wie wir immer meinten, sein zu müssen. Wir entdecken, dass wir ganz durchschnittliche, gewöhnliche Menschen sind. In mancher Hinsicht mögen wir überdurchschnittlich sein, in anderer Hinsicht sind wir nur durchschnittlich und in noch anderer Hinsicht sind wir gar nur unterdurchschnittlich.

Wenn wir unsere Nacktheit weiter auf uns wirken lassen, dann entdecken wir etwas, was uns vielleicht noch schwerer fällt zu akzeptieren. Wir haben einen materiellen Körper, der unangenehm viel Ähnlichkeit mit dem eines Tieres, z. B. eines Schweines, eines Affen, eines Hundes hat. Wir machen mit diesem Körper ganz triebhafte Sachen. Wir sind gierig und gefräßig, wir nehmen Nahrung auf, kauen sie, verdauen sie und scheiden sie wieder aus. Wir schmatzen, schlingen, würgen, schlürfen, rülpsen, furzen. Wir haben Mund- und Körpergeruch. Wir fallen triebhaft-sexuell übereinander her, wir ächzen und stöhnen, geben die merkwürdigsten Laute von uns, wir bewegen uns auf »ordinäre« Weise. Wir haben »abartige«, »perverse« Fantasien von Vergewaltigung, Gruppensex, Partnertausch, Anal- und Oralverkehr, von Sadismus und Masochismus, von Voyeurismus und Exhibitionismus. Das mag sich alles schrecklich für uns anhören. Aber die Tatsache ist: Die meisten Menschen sind so, ob wir es wahrhaben wollen oder nicht. Wir alle tun mehr oder weniger das Gleiche, haben mehr oder weniger die gleichen Bedürfnisse und Fantasien.

Ein zweiundfünzigjähriger Mann, der sehr viel Wert auf seine Status-Symbole, seine reiche Herkunft und sein elegantes äußeres Erscheinungsbild legte, träumte, er befände sich in der Fußgängerzone seiner Stadt, in der sehr viele Menschen waren. Er bemerkte, dass er nur seine Unterhose anhatte, was ihm sehr peinlich war. Aber niemand sonst schien sich daran zu stören. Dann wechselte die Szene, und er befand sich auf einer Toilette. Während er sein »Geschäft« erledigte, stellte er fest, dass sich das Klo im Freien inmitten der anderen Menschen befand. Jeder konnte ihm, wenn er wollte, zusehen. Merkwürdigerweise nahmen die anderen Menschen auch hier von ihm kaum Notiz. Der Traum konfrontierte ihn mit der nicht ganz leicht zu akzeptierenden Tatsache, dass er hinter seiner ganzen Besonderheit, die er nach außen zur Schau zu stellen pflegte, doch auch nur ein ganz normaler Mensch wie jeder andere war, so unscheinbar und unbedeutend, dass er selbst in seiner Unterhose und auf dem Ort, wo auch »der Kaiser zu Fuß hingeht«, keinerlei Aufsehen erregte.

Der Blick auf unseren nackten Körper offenbart uns noch eine andere, äußerst unangenehme Wahrheit: der Körper hat sein Eigenleben, vieles können wir gar nicht kontrollieren, er altert, zeigt Gebrechlichkeiten und Krankheiten, und wir werden eines Tages sterben. Schneller, als uns wahrscheinlich lieb sein wird, werden wir auf dem Totenbett liegen, wird unser Körper zur Erde zurückkehren, aus der er gekommen ist. Diese unsere Sterblichkeit ist in der Tat ein sehr harter, fast unverdaubar erscheinender Brocken. Was sollen wir mit dieser Tatsache anfangen? Ist es nicht vielleicht doch besser, wir flüchten uns zurück in unsere Besonderheit und Großartigkeit? Vielleicht werden wir dann unsterblich sein, vielleicht wird das Schicksal ein Auge zudrücken und uns, weil wir ja so gut waren, länger leben oder gar überleben lassen? Leider gibt es hier keinen rechten Trost. Auch Buddha und Jesus, auch Leonardo da Vinci und Michelangelo, auch Beethoven und Mozart, auch Goethe und Schiller mussten sterben. Da werden wir vermutlich keine Chance haben, aufgrund unserer Großartigkeit am Tod vorbeizukommen, selbst wenn wir uns noch so sehr bemühen.

Wenn wir das nun alles wahrnehmen, wovor wir bisher Angst hatten: unsere Durchschnittlichkeit und Unterdurchschnittlichkeit, unsere Illusionen, unsere Dunkelheit und Hässlichkeit, unsere Gewalt, unseren Schmerz und unser Leid, unsere Gebrechlichkeit und Sterblichkeit und diese Dunkelheit aushalten, dann kann es passieren, dass wir uns auf einmal unendlich befreit, erleichtert und glücklich fühlen. Es tritt der fast paradox erscheinende Effekt ein, dass gerade und erst dadurch, dass wir das »Böse« und »Hässliche« in uns zulassen, auch das »Gute« und »Schöne« in uns erfahrbar wird.

Der Grund dafür liegt darin, dass wir durch die Annahme unserer Schattenseiten Frieden mit uns selbst schließen. Ein Großteil unserer jahrzehntelangen inneren Konflikte und unserer aussichtslosen Kämpfe, die wir gegen uns selbst führen, hören auf. Damit löst sich aber auch viel Angst und Verkrampftheit. Indem wir nicht mehr gegen uns selbst kämpfen, brauchen wir auch nicht mehr so viel gegen andere Menschen zu kämpfen. Wir müssen uns nicht mehr so viel verteidigen und rechtfertigen. Die Erfahrung unserer

Gewöhnlichkeit und Endlichkeit relativiert unsere vermeintliche Wichtigkeit und Bedeutsamkeit. Wir können unser Ich vergessen und uns auf das Leben selbst konzentrieren. Die seelische Energie, die wir in die Abwehr des Schattens und der zwanghaften Aufrechterhaltung unserer Maskeraden investiert hatten, wird frei und kann nun unserer Lebensfreude und Kreativität zufließen. Unser »Inneres Kind«, das hinter so viel anstrengendem Erwachsen- und Vernünftig-Sein-Müssen, so viel Ernsthaftigkeit und Beherrschung ganz in Vergessenheit geraten war, kann wieder lebendig werden. Und damit kommen wir auch in Berührung mit der Ganzheit unseres Selbst.

Illustration von Edmund Dulac (1882-1953)

Die nackte Wahrheit und das innere Kind

Die Kammerherren, die die Schleppe tragen sollten, griffen mit den Händen nach dem Fußboden, gerade als ob sie die Schleppe aufhöben; Sie wagten es nicht, es sich merken zu lassen, dass sie nichts sehen konnten.

So ging der Kaiser in der Prozession unter dem prächtigen Thronhimmel, und alle Menschen auf der Straße und in den Fenstern riefen: »Gott, wie sind des Kaisers neue Kleider unvergleichlich; welche herrliche Schleppe hat er am Rocke, wie schön das sitzt!« Keiner wollte es sich merken lassen, dass er nichts sah, denn dann hätte er ja nicht zu seinem Amte getaugt oder wäre sehr dumm gewesen. Keine Kleider des Kaisers hatten solches Glück gemacht wie diese.

»Aber er hat ja gar nichts an!« sagte endlich ein kleines Kind. »Herrgott, hört die Stimme der Unschuld!« sagte der Vater, und der eine flüsterte dem anderen zu, was das Kind gesagt hatte. »Er hat nichts an, dort ist ein kleines Kind, das sagt, er hat nichts an!«

»Aber er hat ja nichts an!« rief zuletzt das ganze Volk. Das ergriff den Kaiser, denn es schien ihm, sie hätten recht, aber er dachte bei sich: »Nun muss ich die Prozession aushalten«. Und so hielt er sich noch stolzer, und die Kammerherren gingen und trugen die Schleppe, die gar nicht da war.

Aber er hat ja gar nichts an! Endlich ist es heraus. Nachdem der Widerstand des Kaisers gegen die Einsicht in seine wahre Natur seinen Höhepunkt erreicht hat, erscheint nun endlich das Kind als eine Manifestationsform unseres inneren Selbst. »Aber er hat ja gar nichts an!« Das Kind, die »Stimme der Unschuld«, spricht in seiner Offenheit und Naivität das aus, was der Kaiser und alle anderen insgeheim schon immer wussten, aber aus Angst, für dumm und inkompetent gehalten zu werden, nicht zu sagten wagten.

»Du hast ja gar nichts an!« So etwas könnte auch ein Zen-Meister zu seinem Schüler sagen, wenn dieser ihn fragt, was denn die letzte Wahrheit sei oder wie er sein Selbst finden könne. Er würde ihn mit dem »Du hast ja gar nichts an!« vielleicht darauf hinweisen wollen, dass er, wenn es ihm gelingt, seine Identifizierung mit illusionären Vorstellungen von sich – die alten Kleider – fallen zu lassen, die Antwort auf alle seine Fragen wüsste. Er würde ihn vielleicht auch darauf hinweisen wollen, dass sein innerstes Wesen in gewissem Sinne »nackt« ist, an nichts fest gebunden, offen und weit wie der blaue Himmel.

Der nackte Kaiser und das Kind: Diese beiden Aspekte gehören zusammen als unser Ich-Bewusstsein und unser ganzheitliches Selbst. Die Entblößung des Kaisers und das Erscheinen des Kindes bedeuten eine Umwertung der Werte. Damit ist das heimliche Ziel der ganzen betrügerischen Inszenierungen erreicht. Erst wenn der Kaiser, unser Ich-Bewusstsein, das mit illusionären Werten und Vorstellungen identifiziert ist, nackt ist, seiner alten kaiserlichen Persona, seiner zwanghaften Rollen und entfremdenden Funktionen, seiner vermeintlichen kaiserlichen Vormachtstellung entkleidet ist, kann das Selbst – hier im Symbol des Kindes – als das wahre Zentrum der Persönlichkeit bewusst werden.

Es gibt in unserer Seele etwas, das so frisch, so lebendig, so offen, so unschuldig ist wie ein kleines Kind. Das ist unsere wirkliche Natur, unser eigentliches Wesen. Wenn wir ganz entspannt sind, wenn wir alle Ansprüche an uns fallen lassen, wenn wir uns »gehen« lassen, wenn wir uns gestatten, ganz weich, ganz aufrichtig und ganz bei uns zu sein, dann spüren wir diese Seite in uns, dann spüren wir, dass dies unser wahres Wesen ist, dass alles andere nur Oberfläche, Angelerntes, Maske, Vorgetäuschtes ist. An der Oberfläche mag unsere Gestalt sich ändern, wir sammeln Wissen und Erfahrungen, wir werden älter, aber im Innersten sind und bleiben wir in diesem frischen, kindlichen Zustand.

Man mag sich daran stören, dass dieser ursprüngliche, ewig erscheinende Zustand unserer Seele als »kindlich« bezeichnet wird. Wir fragen uns vielleicht, ob wir als erwachsene oder alte Menschen nicht auch ganz und wahrhaftig sein können und ob wir erst unsere Kindheit »durcharbeiten« müssen, um wieder in Berührung mit unserem »inneren Kind« zu kommen. Wir brauchen uns aber nur klarzumachen, dass die Bezeichnung »inneres Kind« oder »göttliches Kind« ein Symbol, ein Vergleich ist und nicht unbedingt etwas mit dem zu tun hat, wie wir als Kind damals waren.

Wenn Menschen Erfahrungen machen, von denen sie den Eindruck haben, dass sie etwas ganz Wesentliches und Zentrales von sich ausdrücken, dann finden sie häufig keinen treffenderen Vergleich als zu sagen, dass sie sich jetzt wie ein Kind fühlen. Und sie meinen damit hauptsächlich eine große Offenheit und Sensibilität für das, was sie umgibt, sie meinen damit einen Zustand, in dem sie glücklich sind, einfach da zu sein, mühelos, neugierig, lernfreudig, liebevoll, in engem, unmittelbaren Kontakt mit ihren Fantasien und Eingebungen, mit ihren Gefühlen und Wünschen und mit ihrem Körper.

Diesen Zustand als »kindlich« zu bezeichnen, ist vielleicht deswegen naheliegend, weil wir noch eine Ahnung von ähnlichen Zuständen in unserer Kindheit in uns tragen oder weil wir am ehesten in eine entsprechende Stimmung kommen, wenn wir in die zauberhaften Gesichter von kleinen Kindern schauen. Aber was wir da sehen, spüren oder ahnen, ist nicht nur in unserer Kindheit vorhanden gewesen und dann verloren gegangen, sondern es ist die Erfahrung unserer wahren, immer gegenwärtigen innersten Natur, in der wir selbst ganz einfach, ganz offen und natürlich sind, voller Freude. Wir trauen uns nur nicht mehr, dies unmittelbar zum Ausdruck zu bringen, vielleicht, weil wir als Kinder früher tatsächlich viele schmerzhafte Erfahrungen gemacht haben, vielleicht weil wir es im Laufe unseres Erwachsenwerdens einfach verlernt haben.

Der amerikanische Schauspieler Marlon Brando schreibt in seiner Autobiografie, dass ihm die Wiederentdeckung seines inneren Kindes im Alter von 70 Jahren so etwas wie eine Heimkehr war:

»Mir wurde plötzlich klar, dass ich in den letzten Jahren einen Teil von mir wiederentdeckt hatte, der einmal sauber und rein und geradeheraus war. Und der seit meiner Kindheit verschüttet gelegen hatte [...] Endlich fühle ich mich wirklich frei und schere mich nicht mehr darum, was die Leute über mich denken. Mit siebzig Jahren habe ich außerdem mehr Spaß als je zuvor. Jetzt endlich kann ich das Kind sein, das ich früher nie sein konnte.«[17]

Dieses innere Kind mit seiner Offenheit und Neugier, seiner Spontanität, seinen Träumen und Wünschen, seiner Lebensfreude und Lust steht in einer so engen Beziehung zu unserem wirklichen Wesen, dass es in vielen Religionen als »göttliches Kindes« zum Symbol des inneren Selbst wurde.

Eine der schönsten literarischen Gestaltungen des Individuationsprozesses, in dem das Motiv des Zum-Kind-Werdens erscheint, ist Hermann Hesses Siddhartha. Siddhartha muss einen sehr langen Weg gehen, bis er zu seinem Selbst findet. Er übt religiöse Versenkung, geht mit den Asketen, lässt seine leiblichen Bedürfnisse absterben, hört die Lehre Buddhas, aber er muss immer weiter. Er weiß, dass er seine Wahrheit nur finden kann, wenn er sich selbst treu bleibt und nur seinen eigenen Erfahrungen traut. Er lernt bei der Kurtisane Kamala die Liebeslust, wird ein reicher Kaufmann, lernt das »süße Leben« in all seiner Faszination und Ausschweifung kennen, das Geldverdienen und Geldausgeben, das Spielen, das Trinken, das nächtelange Feiern. Nachdem er so das Ganze des Lebens durchkostet hat, gelangt er an einen Punkt, wo er glaubt, dass es nicht mehr weiter geht, dass seine Seele abgestorben ist, dass alles sinnlos und unbedeutend ist. Schließlich entdeckt er, nachdem er sich an einem Fluss sein leer und schal gewordenes Leben fast genommen hätte, welche wunderlichen Umwege er in seinem Leben nehmen musste, um wieder Kind werden zu können.

> *Nun, dachte er, da alle diese vergänglichen Dinge mir wieder entglitten sind, nun stehe ich wieder unter der Sonne, wie ich einst als kleines Kind gestanden bin, nichts ist mein, nichts kann ich, nichts vermag ich, nichts habe ich gelernt. Wie ist dies wunderlich! Jetzt, wo ich nicht mehr jung bin, wo meine Haare schon halb grau sind, wo die Kräfte nachlassen, jetzt fange ich wieder von vorn und beim Kinde an! Wieder musste er lächeln. Ja, seltsam war sein Geschick! Es ging abwärts mit ihm, und nun stand er wieder leer und nackt und dumm in der Welt. Aber Kummer konnte er nicht empfinden, nein er fühlte sogar großen Anreiz zum Lachen, zum Lachen über sich, zum Lachen über diese seltsame, törichte Welt.*[18]

Er sieht aber auch, dass alle seine Illusionen und Täuschungen unvermeidlich, notwendig und richtig waren.

> *Aber welch ein Weg war das! Ich habe durch so viel Dummheit, durch so viel Laster, durch so viel Irrtum, durch so viel Ekel und Enttäuschung und Jammer hindurchgehen müssen, bloß um wieder ein Kind zu werden und neu anfangen zu können. Aber es war richtig so, mein Herz sagt ja dazu, meine Augen lachen dazu.*[19]

Schließlich entdeckt er, dass seine Freude, die er jetzt empfindet, damit zu tun hat, dass etwas in ihm gestorben ist, was sich schon lange nach Sterben gesehnt hatte:

> *War es nicht sein Ich, sein kleines, banges und stolzes Ich, mit dem er so viele Jahre gekämpft hatte, das ihn immer wieder besiegt hatte, das nach jeder Abtötung wieder da war, Freude verbot,*

Furcht empfand? War es nicht dies, was heute endlich seinen Tod gefunden hatte, hier im Walde an diesem lieblichen Flusse? War es nicht dieses Todes wegen, dass er jetzt wie ein Kind war, so voll Vertrauen, so ohne Furcht, so voll Freude? [20]

Zu viel entfremdendes Wissen hatte er früher angehäuft. Zu viele Regeln und Vorstellungen, zu viel angestrengtes Tun und Wollen hatten sein Verhalten bestimmt. Voll Hochmut war er gewesen, immer bestrebt, der Klügste, der Eifrigste, der Bessere, der Geistige und der Weise zu sein. Das hatte ihn so rastlos und unzufrieden gemacht, das hatte ihn seinen Frieden nicht finden lassen. Jetzt endlich konnte er diese leidvollen illusionären Ich-Vorstellungen, die seinen Schatten und seine Ganzheit ausgeklammert hatten, loslassen, und er entdeckte, dass er keineswegs, wie befürchtet, alles verloren, sondern alles gewonnen hatte.

Warum aber fällt es uns nur so schwer, diese falschen, leidvollen, perfektionistischen Ich-Vorstellungen aufzugeben? Warum wehrt sich der Kaiser bis zum Schluss, seine Nacktheit zu erkennen? Einige der Gründe haben wir im letzten Kapitel besprochen. Wir fürchten die Wahrnehmung unserer Durchschnittlichkeit und Unterdurchschnittlichkeit, unserer Schattenhaftigkeit und unserer Endlichkeit. Wir fürchten eine Wiederbelebung unserer alten Wunden und Verletzungen, wir fürchten die Ablehnung, die Abwertung, die Einsamkeit, die Scham- und die Schuldgefühle, wenn wir uns so zeigen, wie wir eigentlich sind.

Ein letzter Grund aber, und möglicherweise ist dies der Entscheidende, liegt darin, dass wir – oder unser Ich-Bewusstsein –, zunächst nichts anderes wirklich kennen können, als das, was uns bewusst wird. Von daher ist es nur natürlich und fast zwingend, dass wir unser Ich für das gesamte psychische System halten und den Eindruck haben, wir würden alles selbst hervorbringen. Wir glauben dann, wir müssten dieses ganze komplexe Leben, für dessen Entfaltung der evolutionäre Prozess Jahrmilliarden benötigt hat, allein aus uns heraus gestalten, müssten dafür die Verantwortung tragen, müssten alles wissen, alles verstehen, alles kontrollieren. Weil uns die selbstorganisierende Weisheit, die in uns wirksam ist und den ganzen Prozess steuert, nicht bewusst ist, spüren wir einen immensen Druck und eine ungeheure Last, die wir im Grunde nicht bewältigen können.

Jetzt verstehen wir, woher unsere dauernde innere Anspannung, unsere Angst vor dem Versagen, unser tiefes Unsicherheitsgefühl wirklich stammen. Sie kommen daher, dass wir heimlich schon immer gespürt haben – aber niemals wagten, es uns einzugestehen –, dass wir den ganzen Lebensprozess überhaupt nicht im Griff haben. Wir tun so, als würden wir denken, als würden wir fühlen und wollen, und dabei merken wir unterschwellig, dass wir »gedacht«, »gefühlt« und »gewollt« werden. Wir können in keiner Weise sicher sein, was »Es« in uns im nächsten Augenblick denken und fühlen wird. Wir befürchten aber, bei den anderen Menschen würde es anders sein, sie hätten sich mehr unter Kontrolle.

Unsere ganze leistungs- und willensorientierte Gesellschaft beruht ja auf dieser Illusion des automomen, allmächtigen Ich. Deswegen halten wir uns ängstlich bedeckt und deshalb spielen wir alle so verzeifelt dieses unglaublich verrückte Theater von des Kaisers neuen Kleidern, die gar nicht da sind. Und weil wir von diesen tieferen Zusammenhängen nichts wissen, deswegen wagen wir es auch nicht, die Kontrolle und Souveränität, die wir gar nicht haben, aufzugeben. So viel unnötige Tragik und so viel unnötiges Leiden, so viel Rechthaberei und Besserwissen, so viel Arroganz und Intoleranz ist in der Menschheitsgeschichte dadurch entstanden, dass wir glauben, uns gegenseitig Großartigkeit, Besonderheit und Klugheit vorspielen zu müssen, die wir gar nicht besitzen!

Wenn das innere Kind in uns lebendig wird, wenn wir seine spontanen Einfälle und Wünsche, seine Offenheit und Liebesfähigkeit, seine Neugier und seine Begeisterungsfähigkeit, aber auch seine Ängstlichkeit und Kränkbarkeit in uns zulassen, dann treten wir in eine bewusstere Beziehung zu unserem ganzen Selbst. Je mehr wir uns erlauben, auf unsere leisen Impulsen zu hören, unsere innerste Sehnsucht nach Freude, Liebe, Freiheit und schöpferischem Leben ernst zu nehmen, desto mehr wächst unser Vertrauen in die Weisheit des Selbst. Wir erahnen die Quelle, aus der unsere ganze Lebendigkeit gespeist wird.

Was wir schließlich wie einen alten, abgetragenen Anzug zurücklassen, sind unsere früheren leidvollen Vorstellungen von uns selbst als einem vom Ursprung abgetrennten, isolierten Ich. Die »Nacktheit,« die von unserem Ich zuerst als Verlust seiner Kontrolle und Macht gefürchtet wird, ist gar kein Verlust, sondern vielmehr eine Befreiung, eine tief ersehnte Erlösung, eine unendliche Erleichterung. Wir erfahren uns als Teil eines größeren Systems, einer überlegenen Weisheit und können jetzt endlich wahrnehmen, was wir schon immer gewesen sind, ohne es zu wissen: eine Offenbarung der schöpferischen Intelligenz des Universums, die in uns ebenso wirksam ist wie in anderen Menschen und wie in der ganzen belebten und unbelebten Natur.

Wenn unser neues Bewusstsein erwacht, ändert sich äußerlich gesehen zunächst noch nicht sehr viel. Wir bleiben für eine Zeit lang die gleichen Menschen mit den gleichen Eigenschaften, Bedürfnissen und Interessen. Auch unsere Mitmenschen und die Welt bleiben die gleichen. Wir tun weiterhin das, was wir auch sonst getan haben. Aber da unser Organismus das Ergebnis eines unendlich langen evolutionären Prozesses ist, das Produkt einer innigen Wechselwirkung mit der Erde, ihren Elementen und ihren Lebewesen, verlagert sich in dem Maße, in dem wir die Ganzheit des Selbst als unser neues Zentrum bewusst erfahren, der Schwerpunkt unseres Identitätsgefühls allmählich weg von der Vorstellung, eine begrenzte Person mit dem Namen XY zu sein, hin zu dem Erleben, an einem übergeordneten gemeinschaftlichen Prozess teilzuhaben. Statt Leistung, Attraktivität, Erfolg und der narzisstischen Darstellung der eigenen Person tritt nun das Leben selbst in den Mittelpunkt des Interesses.

Wir entdecken den wahren Reichtum, den wir bislang nach außen auf Besitz, Geld und Status-Symbole projiziert haben, in uns selbst, in unserem Lebendigsein, in unserem Bewusstsein, in unserem Körper mit seinen vielen wundervollen Fähigkeiten.

Wir möchten die unnötigen Barrieren und Blockaden, die uns an der vollen Entfaltung unserer Fähigkeiten und Begabungen hindern, überwinden.

Wir möchten unser Verstehen des Mysteriums des Lebens und des Bewusstseins vertiefen, wir möchten Verantwortung übernehmen für das Leben, das uns zum Geschenk gemacht wurde, und wir möchten unseren Teil zur guten Entfaltung des Lebens auf dieser Erde beitragen.

Schließlich erfahren wir, dass das Glück, die Liebe und die Freiheit, nach der wir uns so tief gesehnt haben, sich darin erfüllen, dass wir das leben, was in Übereinstimmung mit unserer inneren Wahrheit ist. Im zunehmenden Vertrauen zu unserem Selbst gewinnen wir jene Sicherheit und jenen höchsten Wert, die das Ziel unserer Suche, unserer langen Wege und Umwege durch das Leben waren.

Unser inneres Kind kann die Täuschung wahrnehmen
und uns das wahre Selbst zeigen.
Bearbeitete Illustration nach Arthur Rackham (1867-1939)

Des Kaisers wirklich neue Kleider

Auch die Persona- und Kleiderfrage erscheint nun in einem neuen Licht. Wo es möglicherweise vorher um eine zwanghafte Maskerade, um eine ängstliche Verdeckung unserer heimlichen Minderwertigkeitsgefühle ging, die aus unserem Nicht-Wissen von der Verbundenheit mit dem Selbst herrührten, geht es jetzt um die freudige Ausgestaltung des Selbst. Das Leben, unser Körper und unser Selbst werden von uns als so kostbar erfahren, dass wir ihnen höchste Wertschätzung entgegenbringen, die sich auch im liebevollen, pflegenden Umgang mit ihnen zeigt.

Eine Frau in einer Selbsterfahrungsgruppe, die sich mit den Fragen ihrer wirklichen Identität beschäftigte, hatte folgenden Traum:

»Ich bin in der Stadt und will mir etwas zum Anziehen kaufen. Ich suche lange herum und finde nichts, was mir gefällt. In einer Boutique, die ich vorher noch nie gesehen hatte, werde ich von einer älteren Frau beraten: ›Sie müssen sich endlich mal weiße Kleider kaufen.‹ Ich denke bei mir: ›Stimmt, eigentlich wollte ich das ja schon immer.‹ Schließlich sehe ich mich wie ein kleines Mädchen in meinem weißen Kleid freudig vor dem Spiegel tanzen.«

Die Träumerin bevorzugte bei der Wahl ihrer Kleidung gedeckte, dunklere Farben. Immer wieder einmal hatte sie sich überlegt, ob sie nicht auch hellere und kräftigere Farben nehmen sollte. Weiß fand sie besonders schön – vor allem weiße Seide – und sie bewunderte Frauen, die es »wagten«, sich in Weiß zu kleiden. Für sie selbst kam Weiß aber überhaupt nicht infrage. »Ich kann mich darin nicht sehen. Es passt einfach nicht zu mir. Wenn man etwas Weißes anzieht, muss man selbstbewusst und strahlend sein. Außerdem ist Weiß so unpraktisch. Man muss immer aufpassen, dass man keine Flecken macht. Da muss man vielleicht großzügiger sein, einen anderen Lebensstil haben, alles leichter nehmen, wenn man so etwas trägt.«

Die Träumerin ist auf einem sehr kleinen Dorf aufgewachsen. Da die Eltern arbeitsmäßig sehr belastet waren, war sie viel auf sich allein gestellt und fand in dem, was sie war und was sie konnte, wenig Beachtung. Sie hatte immer ein wenig das Gefühl, den geschäftigen Eltern im Weg zu stehen. Hinzu kam, dass sie relativ schnell wuchs, sodass sie sich für ihr Alter immer etwas größer fand als die anderen, auch größer als die Jungen ihrer Altersgruppe. Auf dieses größer sein war sie aber, wie so viele andere Frauen auch, nicht stolz. Sie fand es schrecklich, alle zu überragen, gewöhnte sich eine gekrümmte Haltung mit eingezogenen Schultern an und kleidete sich unauffällig, dunkel, praktisch, jungenhaft. Sie wollte sich irgendwie tarnen. Schöne und festliche Kleider, besonders Kleider mit Rüschen und Blumen, waren für sie ebenso ausgeschlossen wie Schuhe mit hohen Absätzen und langes, lockiges Haar.

Sich verbergen, sich klein und unauffällig machen, war zu einem Teil ihrer Identität geworden. Natürlich hatte sie auch ganz verborgen einige Größenfantasien, die sie sich aber kaum zugestehen konnte und wegen derer sie sich sehr schämte. Sie stellte sich vor, einmal eine berühmte Wissenschaftlerin zu sein, z. B. wie Madame Curie, die klein war, dunkel und unscheinbar gekleidet.

Der Traum ist vor diesem Hintergrund ziemlich offensichtlich. Die Weisheit ihres inneren Selbst wies die Frau im Traum deutlich darauf hin, dass sie die meiste Zeit ihres bisherigen Lebens ihr Licht viel zu sehr unter den Scheffel gestellt hatte. Die von ihr bevorzugten dunklen Farben ihrer Kleidung zeigten, dass sie im Ausdruck ihres Wesens sehr gehemmt gewesen war. Sie hatte nur ein kleines Spektrum ihrer Lebensfarben zum Schwingen gebracht.

In starkem Kontrast zu dieser eingeschränkten, abgedämpften Lebenshaltung steht die ihr von ihrem Unbewussten nachdrücklich empfohlene Farbe Weiß. Mit der Farbe Weiß assoziierte sie Licht, Sonne, Strahlen, Sommer, Freiheit, Weite, Unschuld, Reinheit, ein weißes, noch unbeschriebenes Blatt Papier. Ihr fiel auch ein, dass die Summe aller Farben weiß ergibt.

Kulturgeschichtlich wird die Farbe Weiß mit höchsten Werten und existenziellen Phasen des Lebens verbunden. Im Christentum erscheint Weiß bei allen Sakramenten: bei der Taufe, der ersten Kommunion, bei der Hochzeit, beim Tod. Bei der Vermählung beispielsweise symbolisiert Weiß den Tod des alten Lebens und die Geburt zum neuenLeben, während es beim Tode den Übergang ins Jenseits bedeutet. So begleitet diese Farbe festlich unser ganzes Dasein: das Leben, das Licht und die Liebe, aber auch den Tod und die Wandlung.

Wer selig werden will, der muss mit weißer Seiden,
so zierlich als er kann, sein' Leib und Seel' bekleiden.[21]

Interessant ist in diesem Zusammenhang auch die Bedeutung der indischen Großen Göttin, der »weißen Tara«. Sie führt aus der Dunkelheit des Gebundenseins im Samsara hinaus, die sie selber als Maya hervorgerufen hat, sie repräsentiert die höchste geistliche Transformation durch Weiblichkeit.[22]

Der Traum kann die Träumerin also daran erinnern, die in ihr angelegten Möglichkeiten, ihre Ganzheit, zum Leuchten und zum Strahlen zu bringen. Das ist natürlich leicht gesagt und schwer getan, insbesondere dann, wenn in früher Kindheit so wenig Ermutigung und Ermunterung, so wenig glanzvolle Spiegelung, so wenig Freude und so wenig Förderung gegeben waren, dass das eigene Selbstbild überschattet ist von dem Gefühl »Ich muss mich zurücknehmen«.

Dass es auch das Umgekehrte geben könnte, sich lustvoll in Erscheinung zu bringen, kann unter solch tief greifenden hemmenden Einflüssen fast nicht geglaubt werden, schon gar nicht, wenn es um einen selber geht. »Weiß kommt für mich überhaupt nicht infrage. Das passt nicht zu mir«, davon war die Träumerin zunächst mit kategorischer Sicherheit überzeugt.

An diesem Beispiel wird deutlich, dass unsere Kleidung und unsere äußere Erscheinung keineswegs nur eine Maske, eine »Fassade«, eine bloße »Äußerlichkeit« darstellen, sondern dass sie im besten Fall ein unmittelbarer Ausdruck unseres wahren Wesens und der Wertschätzung, die wir uns selbst gegenüber hegen, sein können. Man könnte sagen: »Je wertvoller und schöner ich mich kleide, desto wertvoller und schöner finde ich mich und mein Selbst.« Verständlich, dass dann das »göttliche Kind« in uns voll Freude vor dem Spiegel seiner Selbst-Offenbarung tanzt wie in dem eben beschriebenen Traum.

Man mag bei solchen Träumen vielleicht den Eindruck haben, dass man die Symbolik wie z. B. die der Kleidung, der Farbe »Weiß« oder des Kindes leicht überschätzt und zu »hoch« ansetzt. Aber wem bewusst geworden ist, dass das Selbst nicht etwas weit Entferntes und Unerreichbares, sondern unser unmittelbares Wesen ist, der wird gerade auch in den unscheinbaren Symbolen des Lebens die Sehnsucht des Selbst nach Bewusstwerdung und Offenbarung erkennen.

So gesehen ist in der neurotischen Fixierung des Kaisers auf seine Kleidung, in seinem ständigen Kleiderwechseln, auch der symbolische Versuch verborgen, mit der lebendigen, schöpferischen, sich dauernd wandelnden Dynamik seines Selbst in Beziehung zu treten. Ohne dass er es wusste, tat er symbolisch bereits das, was seine eigentliche Aufgabe als Vorbild und Repräsentant des Volkes wäre: sein Selbst in all seinen vielen Farben und Facetten festlich zum Ausdruck zu bringen. Was er aber bislang nur zwang- und suchthaft tun konnte, weil er sein Ich mit dem Selbst verwechselte, könnte er jetzt in Freiheit und Freude tun. Und er hätte noch sehr viel Energie, um alle seine Regierungsgeschäfte, die er vernachlässigt hatte, zu erfüllen.

So dicht also sind krankmachende Illusion und heilsame Wirklichkeit miteinander verwoben. Nur ein kleiner Schritt wäre für unseren Kaiser nötig, nur ein Ernstnehmen dessen, worauf ihn das

Kind gestoßen hat, ein kurzes Innehalten, ein kleiner Wechsel der Perspektive vom egozentrierten zum selbst zentrierten Standpunkt, und alles könnte in Ordnung kommen.

Aber das Märchen von des Kaisers neuen Kleidern endet hier. Der Kaiser geht weiter und tut so, als hätte er nichts gehört. Die Worte des Kindes »ergreifen« ihn zwar, aber er scheint diesen letzten Schritt, diesen Sprung in den vermeintlichen Abgrund der endgültigen Bloßstellung, Blamage und Niederlage nicht zu wagen. Er verhält sich ganz ähnlich wie wir. Auch wir wissen oft schon vieles von dem, was wir verändern müssten, ohne daraus gleich Konsequenzen zu ziehen. Wachstum, Reifung und Bewusstseinsentwicklung lassen sich nicht beliebig erzwingen. Sie brauchen ihre Zeit, sie folgen ihrem eigenen Rhythmus.

Wenn wir auch nicht erfahren, ob, wie und wann unser Kaiser die Einsicht in seine Nacktheit verarbeitet, so können wir es uns doch erlauben, unsere eigene Fantasie zu nutzen, um ihm nach all seinen unangenehmen und peinlichen Erlebnissen eine kleine Erleuchtung zu schenken, die es ihm ermöglicht, die Einheit und Ganzheit seines Wesens zu erkennen, die sich in seinem inneren Sein wie auch in seiner äußeren Erscheinung manifestiert.

Der Kaiser wagt sich unter die Menschen, um sich in seinen neuen Kleidern bewundern zu lassen. Illustration von Vilhelm Pedersen (1820-1859)

Es darf gelacht werden

Als der Kaiser in seinen neuen unsichtbaren Kleidern weiter durch die Straßen prozessierte, an Menschen vorbei, die sich gegenseitig anstießen, sich gegenseitig ins Ohr tuschelten und ihr Lachen kaum verbergen konnten, da wurde ihm abwechselnd heiß und kalt, er wäre am liebsten vor Scham im Boden versunken.

Aus den tiefsten Tiefen seiner Seele stieg ein unerträglich drängendes, qualvolles Gefühl auf. Er wehrte sich mit aller Macht dagegen, denn es schien ihm, wenn er es zulassen würde, würde es ihn vernichten, töten. Er war überzeugt, er würde sich vor Angst, Scham und Schmerz auflösen, in einen grauenhaften schwarzen Abgrund fallen, in einem endlosen Strom von Tränen der Verzweiflung versinken, und nie wieder daraus auftauchen.

Aber das Gefühl ließ sich nicht zurückhalten, es war stärker, es war so stark, dass es ihn wie besinnungslos auf den Boden warf, sein ganzer Leib wurde von oben bis unten geschüttelt, es schien ihm, als bestünde er nur noch aus nackter, namenloser Angst. Aber er konnte die Angst merkwürdigerweise nicht recht spüren. Nun war es klar: Er musste verrückt geworden sein.

Auch die Menschen auf der Straße, die um ihn herumstanden, schienen verrückt geworden zu sein. Sie schnitten die tollsten Grimassen, sprangen hoch in die Luft, hielten sich die Bäuche, kugelten sich, schlugen Purzelbäume, begannen sich nackt auszuziehen. Es war ein einziges Tollhaus um ihn herum, alle machten sich lustig über ihn, äfften ihn nach.

Jetzt war es also so weit, jetzt also war das eingetreten, was er immer befürchtet hatte! Die anderen sahen, wie erbärmlich, wie lächerlich, wie schwach, wie dumm und unfähig er war. Das war das Ende seiner Macht und Herrschaft.

Während er so auf dem Boden lag und verzweifelt nach Atem und Besinnung rang, begann es ihm wie von unendlicher Entfernung allmählich zu dämmern: Was ihn da so überwältigt hatte, das war keine Angst, das war kein Wahnsinn, es war ein Lachen, ein so unglaublich tiefes Lachen, wie er es noch nie erlebt hatte.

Fassungslos vor Staunen spürte er, dass er sich unendlich glücklich fühlte. Es kam ihm vor, als sei eine Zentnerlast von seinem Rücken genommen worden, eine Last, die er vorher nie so recht gespürt hatte, weil sie ihm fast selbstverständlich gewesen war. Solange er sich zurückerinnern konnte, hatte er sich trotz seines Ansehens, seiner Macht und seines Reichtums noch nie so froh, so leicht und frei gefühlt wie gerade jetzt, wo alles verloren schien.

Voller Freude mischte sich der Kaiser in seinen neuen Kleidern mitten unter die Menschen, die um ihn herumgestanden hatten, und die, wie er es jetzt merkte, von seinem befreiten Lachen angesteckt worden waren. Alle waren so froh, sie selbst sein zu dürfen, so dumm und so klug, so fähig und so unfähig, wie jeder nun einmal war. Er sang und tanzte mit ihnen. Es war der verrückteste und ausgelassenste Tag, der jemals in seinem Königreich gefeiert worden war.

Dieser Tag wurde dann später zum Feiertag erhoben, zum Tag der neuen Kleider und der nackten Wahrheit.

Anmerkungen

1 Bredsdorff, Elias: Hans Christian Andersen. München 1980, S. 400 f
2 Weitere Ausführungen zur Liebe am Leben und des bedingungslosen Daseins finden sich insbesondere in: Müller, Lutz: Trotzdem ist die Welt ein Rosengarten, Stuttgart 2011 und Müller, Lutz: Lebe Dein Bestes, Stuttgart 2011
3 Zitiert nach: Goleman, Daniel: Lebenslügen. München 1993, S. 274 ff
4 Ernst, Heiko: Psychologie Heute, Juli 1993, Heft 7, 20. Jahrgang, S. 3
5 Nietzsche, Friedrich: Über Wahrheit und Lüge im außermoralischen Sinn. Werke, hg. v. K. Schlechta, Bd.3, München 1960, S. 310
6 Nietzsche, Friedrich: Menschliches, Allzumenschliches hg. v. K. Schlechta, Bd.I, München 1960, S. 438
7 Roth, Eugen: Das große Eugen Roth Buch. München 1984, S. 11
8 Pascal, Blaise: Pascals Gedanken über die Religion und einige andere Gegenstände. Berlin 1840, S. 127-134. N. d. Übersetzung durch Karl Adolf Blech.
9 Busch, Wilhelm: Kritik des Herzens. Werke, Band 6, München 1943, S. 250-251
10 Jung, Carl Gustav: Gesammelte Werke GW 16 § 111, Zürich 1929. Vgl. zu dieser Thematik auch: Taylor, Shelley E.: Positive Illusionen. Reinbek 1993
11 Zit. nach Goleman, Daniel: Lebenslügen. München 1993, S. 268
12 Schiller, Friedrich: Das verschleierte Bild zu Sais. Sämtliche Werke, Band 1, München 1962, S. 224-226
13 Wehr, Gerhard: Novalis. Schaffhausen 1976, S. 70
14 Endres, F. C.; Schimmel, A.: Das Mysterium der Zahl. Köln: 1984, S. 233 ff
15 Watzlawick, Paul: Anleitung zum Unglücklichsein. München 1983, S. 37f
16 Rauch, Fred: Reden ist Schweigen und Silber ist Gold. Weltbild o. J.
17 Brando, Marlon: Mein Leben. Bertelsmann 1994. Zit. aus Zeitschrift Stern. Hamburg 1994, Heft 36, S. 66
18 Hesse, Hermann: Siddhartha. Frankfurt 1977, S. 78f
19 Hesse, Hermann: Siddhartha. Frankfurt 1977, S. 79
20 Hesse, Hermann: Siddhartha. Frankfurt 1977, S. 81
21 Wehr, Gerhard: Angelus Silesius – Der Cherubinische Wandersmann. Schaffhausen 1977, III. Buch, Vers 103, S. 131
22 Neumann, Erich: Die Große Mutter. Eine Phänomenologie der weiblichen Gestaltungen des Unbewussten. Olten 1978

Weitere Bücher von Lutz Müller

Müller, Lutz: **Trotzdem ist die Welt ein Rosengarten. Zum Glück des Seins erwachen und das Wunder des Lebens feiern.** Stuttgart: opus-magnum 2011. (Wesentlich überarbeitete Neuauflage des Buches von 1996 bei Stuttgart: Kreuz).

Müller, Lutz: ***Lebe Dein Bestes. Die Quintessenz der Lebenskunst und Selbst-Verwirklichung.*** Stuttgart: opus-magnum 2011 (Neu gestaltete und erweiterte 2. Auflage des Buches von 2001 bei Düsseldorf: Walter.)

Müller, Lutz / Knoll, Dieter: ***Ins Innere der Dinge schauen. Mit Symbolen schöpferisch leben.*** Stuttgart: opus-magnum 2011. (Neu gestaltete und überarbeitete 3. Auflage des Buches von 2007 bei Düsseldorf: Patmos).

Müller, Lutz: ***Magie - Symbolik der Hermetik und der Geheimwissenschaften.*** Stuttgart: opus-magnum 2011. (Neu gestaltete und erweiterte 3. Auflage des Buches von 1989 bei Stuttgart: Kreuz).

Müller, Lutz: ***Der Held - Jeder ist dazu geboren.*** Stuttgart: opus-magnum 2011. (Neu gestaltete und überarbeitete 2. Auflage des Buches von 1987 bei Stuttgart: Kreuz).

Müller, Lutz: ***Das tapfere Schneiderlein - Lebenskunst mit Geist und Witz.*** Stuttgart: opus-magnum 2011. (Neu gestaltete und überarbeitete 3. Auflage des Buches von 1987 bei Stuttgart: Kreuz).

Müller, Lutz: ***Suche nach dem Zauberwort - Der famtastische Weg der Selbst-Verwirklichung.*** Dargestellt am Beispiel der „Unendlichen Geschichte“ von Michael Ende. Stuttgart: opus-magnum 2011. (Neu gestaltete und überarbeitete Auflage des Buches von 1989 bei Stuttgart: Kreuz).